시끌벅적 볼거리 넘치는
옛장터

한눈에 펼쳐 보는 전통문화 ❻

시끌벅적 볼거리 넘치는 옛 장터

초판 1쇄 발행 2012년 1월 26일
초판 3쇄 인쇄 2024년 4월 10일

글 주영하 그림 정순임
발행인 양원석 발행처 (주)알에이치코리아 (등록 2004년 1월 15일 제2-3726호)
주소 08588 서울시 금천구 가산디지털2로 53, 20층(한라시그마밸리)
편집문의 02-6443-8921 도서문의 02-6443-8800 홈페이지 rhk.co.kr
블로그 blog.naver.com/randomhouse1 포스트 post.naver.com/junior_rhk
인스타그램 @junior_rhk 페이스북 facebook.com/rhk.co.kr

ISBN 978-89-255-4585-1 (74380)
ISBN 978-89-255-4384-0 (세트)

제조자명 (주)알에이치코리아 | 제조국명 대한민국 | 사용연령 8세 이상
※ 종이에 손이 베이거나 모서리에 다치지 않게 주의하세요.
※ 잘못 만들어진 책은 구입하신 곳에서 바꾸어 드립니다.

✿ 한눈에 펼쳐 보는 전통문화 ❻

시끌벅적 볼거리 넘치는
옛 장터

글·주영하 그림·정순임

주니어 RHK

시리즈 소개
한눈에 펼쳐 보는 전통문화

조상 대대로 내려온 소중한 문화가 담겨 있습니다!

〈한눈에 펼쳐 보는 전통문화〉는 한국인으로서의 긍지와 뿌리를 심어 주는 시리즈입니다. 슬기로운 조상들의 소중한 삶의 지혜를 엿볼 수 있고, 아름답고 자랑스러운 우리 전통문화 유산을 두루두루 살필 수 있지요. 우리나라만의 특색을 갖춘 전통문화를 돌아보며 옛 조상들의 생활을 알아보세요.

재미있는 이야기와 풍부한 정보가 가득합니다!

조상들의 생활과 풍습에 관한 재미있는 이야기, 역사와 문화재에 대한 올바른 정보, 자랑스러운 국보와 과학 기술이 돋보이는 주거 생활, 다양한 도구들, 예로부터 전해져 내려오는 바른 먹을거리, 복식 문화 등 우리나라의 전통문화를 총망라하여 내용을 구성하였습니다.

쉽고 자세한 그림으로 어린이들의 이해를 돕습니다!

이야기에 나오는 재미 위주의 장면보다는 정보 부분에 해당하는 그림만 수록하여 보다 쉽고 자세하게 전통문화 관련 정보를 익힐 수 있도록 했습니다. 특히 주제별로 하나씩 큰 그림들을 모아 책 속 부록으로 재구성한 '한눈에 펼쳐 보는 전통문화' 코너는 그림만 살펴보더라도 전통문화를 쉽게 파악하여 지식을 쌓을 수 있습니다.

한 편의 재미있는 이야기 속에 권별 주제와 관련된 정보가 알차게 담겨 있어요.

어린이들이 이해하기 쉬운 그림을 통해 전통문화를 설명하고 있어요.

이야기 속에 등장한 전통문화 관련 정보를 한눈에 파악할 수 있도록 구성하였어요.

〈교과연계표〉 시끌벅적 볼거리 넘치는 옛 장터

학년	교과목	단원
3학년	2학기 [사회]	1. 환경에 따라 다른 모습
3학년	2학기 [사회]	2. 시대마다 다른 삶의 모습
4학년	2학기 [사회]	2. 필요한 것의 생산과 교환

차례

1. 온갖 사람 다 모이는 우리 옛 장터 …… 10
   옛 장터 둘러보기 **조선 시대 3대 시장** …… 20

2. 장사꾼도 다종다양, 우리 옛 상인들 …… 22
   옛 장터 둘러보기 **상인의 종류** …… 30

3. 골목골목 신기한 가게들이 가득하네! …… 32
   옛 장터 둘러보기 **상점의 종류** …… 44

4. 장사에도 정해진 규칙이 있는 법! …… 46
   옛 장터 둘러보기 **장사 도구** …… 54

5. 우리 옛 장터에서는 뭘 하고 놀았을까? …… 56
   옛 장터 둘러보기 **장터 놀이** …… 66

6. 사는 사람도 신나고 파는 사람도 신나! …… 68
   옛 장터 둘러보기 **거래와 흥정** …… 76

7. 냠냠, 맛있는 장터 음식들 …… 78

    옛 장터 둘러보기 **아이들을 위한 장터 음식** …… 86

8. 하룻밤 쉬면 다시 기운이 펄펄 …… 88

    옛 장터 둘러보기 **조선 시대 객주들** …… 98

〈부록〉 한눈에 펼쳐 보는 전통문화 **옛 장터**

여는 글
찾는 사람 모두가 즐거운 우리 옛 장터

 요즘에는 큰 마트나 쇼핑몰이 많아졌지요? 그렇다면 옛날 사람들은 필요한 게 있을 때 어디로 갔을까요?

바로 3일이나 5일, 7일에 한 번씩 서는 '장터'였답니다. 들어가는 길목에 펼쳐 놓은 좌판들, 형형색색의 물건들, 커다란 솥에서 바글바글 끓여 낸 국밥을 후후 불어 먹는 손님들, 두런두런 모여 윷놀이하는 아저씨들, "내 물건 사시오!" 외치는 목소리들, 흔들흔들 커다란 등짐을 지고 바삐 걸음을 옮기는 보부상들, 예쁜 댕기 구경에 한창인 여인들…… 이 모두가 '저잣거리'라고도 불렸던 우리 옛 장터의 풍경이랍니다.

우리 옛 장터는 말 그대로 없는 게 없었어요. 생활에 필요한 다양한 물건들은 물론, 맛있는 먹을거리도, 예쁜 장신구도, 옛날에는 아주 중요한 재산이었던 소와 송아지도 바로 이 장터에서 사고팔았거든요. 게다가 사람들이 많이 모이니 윷놀이, 마당놀이 같은 즐거운 놀잇거리도 가득했어요. 남녀노소 모두가 물건을 사고팔고 함께 즐겼기에 '장터에는 양반 평민

따로 없다'는 말까지 있었대요. 또한 옛 장터에서 사람들은 따뜻한 정을 주고받았어요. 싸게 달라고 조르는 손님들, 못 이기는 척 덤을 퍼 주는 상인들 모두에게 행복한 거래가 이루어졌던 곳이랍니다.

오늘, 여러분도 이 옛 장터로 가 보세요. 여러분의 친구 소화와 모지도 장터를 찾았거든요. 지금 소화는 아프신 할머니의 병을 낫게 할 산삼을 구하는 중이고, 모지는 진짜 상인이 되기 위한 상인 수업을 받고 있어요. 넉넉한 마음씨를 가진 개성상인 리정훈 아저씨도 여러분을 반겨 줄 거예요.

참, 요즘은 이용하는 사람이 퍽 줄었지만 아직도 전국 곳곳에 옛 모습을 간직한 장터들이 남아 있어요. 이 책을 다 읽고 나면 부모님과 함께 장터에 다녀와 보지 않을래요?

조선 시대 3대 시장

온갖 사람 다 모이는
우리 옛 장터

"할머니, 다녀오겠습니다!"

어둑한 새벽부터 소화는 머리를 빗은 다음 자근자근 다져 놓은 새 짚신을 신고 할머니께 인사드렸어요. 오늘은 소화 혼자서 산 너머 열리는 장터로 먼 길을 떠나는 날이에요. 해가 뜨기도 전에 소화는 눈 비비며 일어나 우물물을 길어 세수를 했지요.

할머니가 삐걱 장지문을 열더니 소화를 안쓰러운 얼굴로 바라보았어요.

"아가, 그 복잡한 장터를 어찌 혼자 다녀오겠누. 안 가믄 안 되니?"

할머니가 쿨럭쿨럭 기침을 했어요.

"할머니, 저도 이제 다 컸으니 걱정 마세요."

우리 장터의 역사는 언제 시작되었을까요?

장터는 시장이 서는 곳으로, 사람들이 물건들을 사고팔며 필요한 것을 구하고 돈도 버는 곳이지요. 우리나라 최초의 시장은 지금으로부터 약 1500년 전 신라 시대 소지왕 때 생긴 '경시'라는 곳이에요. 《삼국사기》를 보면 이 무렵에 "처음으로 서울에 시장을 열어 사방의 물자를 통하게 하였다."는 글귀가 나와요. 고려 시대에도 역시 시장이 있었어요. 일부 학자들에 의하면, 고조선 시대부터 시장이 있었다고도 해요.

소화는 할머니를 안심시켜 드리려고 생긋 웃었어요. 호기심 많고 용감한 성격의 소화는 혼자 가 보는 장터도 무섭지 않았어요.

"할머니, 잘 다녀올 테니 끼니 거르지 말고 계셔요. 아셨죠?"

소화는 씩씩하게 인사하고 서둘러 길을 나섰어요. 총총걸음으로 싸리문을 나서는데, 장에 내다 팔려고 보자기에 싸 둔 암탉 예쁜이가 틈 사이로 모가지를 길게 빼더니 꼬끼오! 하고 울었어요. 그때 저만치 산 너머 하늘이 예쁜 붉은빛으로 바뀌기 시작했어요. 해가 떠오르고 있었어요.

소화의 할머니는 한양으로 돈을 벌기 위해 떠난 소화의 엄마 아빠를 대신해서 소화를 따뜻하게 돌봐 준 분이에요. 그런데 그런 할머니가 얼마 전 큰 병에 걸리고 말았지요. 동네 의원 할아버지가 찾아와 할머니를 진맥해 보고는 고개를 저었어요.

"너거 할매 잘 드시고 잘 쉬셔야 한다. 까딱하면 황천길이여."

의원 할아버지의 말을 들은 뒤 소화의 얼굴에는 걱정이 어렸어요.

하지만 어린 소화 혼자서는 할머니 돌보기가 쉽지 않았어요. 온종일 밥하고 빨래하고 마당 쓸고……. 집안일은 해도 해도 끝도 없었거든요.

그러던 며칠 전, 이웃의 점순네가 혀를 쯧쯧 차며 말했어요.

"에구, 가여운 우리 소화 할매. 저기 오일장에 가서 산삼 한 뿌리만

시골 시장 향시와 도시 시장 경시

우리가 흔히 '오일장'이라고 부르는 장터는 지방에 있는 시장 '향시'를 뜻해요.
조선 시대 수도인 한양에 있었던 크고 잘 차려진 시장은 '경시'라고 했지요.
경시 중에서도 가게를 항상 열어 두었던 상설 시장인 '육의전'이 유명했어요. 이곳에는 정말로 없는 물건이 없었고, 귀한 물품도 많이 팔았거든요.
반면, 향시는 주로 5일마다 열리는 오일장이나 7일마다 열리는 칠일장이 대부분이었고, 소박한 물건들이 많았어요.

구해 먹으면 거뜬히 일어나실 것을. 소화 아빠가 돌아올 때까지 살아 계셔야 할 텐데."

그 말에 소화는 귀가 쫑긋했어요.

"산삼이요? 그게 뭔데요, 아줌마?"

점순네는 한숨을 포옥 내쉬고는 말했어요.

"으응, 산삼은 죽는 사람도 살린다는 명약이 아니겠냐. 저잣거리에 가면 없는 물건이 없고, 그래서 상인들도 종종 산삼을 가져와 판다는 디. 혹시 모르잖니, 장터에 가면 정말 산삼을 구할 수 있을지."

그날 소화는 의원 할아버지를 찾아가 "산삼이 뭐예요?" 하고 물었어요. 하지만 할아버지는 흰 눈썹을 축 늘어뜨리며 말했지요.

"좋은 약인 건 사실이지만, 가난한 사람들은 엄두도 못 내는 비싼 거라서 구하기가 쉽지 않을 게다."

하지만 소화는 이대로 포기할 수 없었어요.

그리고 마침내 소화는 마음을 굳게 먹고 마당 구석 닭장으로 향했어요. 거기에는 오래 키워서 정이 담뿍 든 암탉 예쁜이가 살고 있었어요. 건강하고 활발한 예쁜이는 소화를 너무 좋아해서 소화가 곁에만 오면 양 날개를 펼쳐서는 푸드덕 날아오르곤 했지요.

"미안해, 예쁜아. 하지만 할머니를 위해서야. 내 마음 이해하지?"

소화는 신이 난 예쁜이 앞에 쪼그려 앉아서 미안한 마음을 속삭였어요. 가난한 소화네 집에서 암탉 예쁜이는 매일 달걀도 낳아 주고,

아침에 꼬끼오! 소리로 소화의 잠을 깨워 주는 친구였거든요.

하지만 소화는 예쁜이를 장터에 팔아서 어떻게든 산삼을 사 오리라 결심했어요. 소화가 있는 동네에서 그나마 제일 가까운 산 너머 장터는 아주 큰 편은 아니었지만 노력하면 분명히 산삼을 구할 수 있을 것 같았어요.

타박타박 걷는 소화의 머리 위로 어느덧 두둥실 해가 떴어요. 소화의 발소리도 경쾌해졌지요. 주변이 밝아지니 장터로 향하는 사람들 모습이 하나둘씩 보이기 시작했어요.

가장 먼저 보인 건 무명 적삼을 입은 아낙들이었어요. 다들 머리에 참외와 호박, 열무 같은 야채들이 가득한 바구니를 이고 있었지요. 고개를 돌려 보니 말린 생선과 미역 같은 건어물을 실은 커다란 수레도 보였어요. 게다가 저만치에서 덜컹덜컹 소리가 들려서 돌아보니, 장작이 가득한 달구지를 끄는 황소가 소화를 향해서 음매! 하고 울었어요. 더운 초여름이라 웃통을 벗은 채로 지게를 지고 가는 지게꾼도 보였어요.

소화는 고개를 갸우뚱했어요. 장터라고 하면 산삼처럼 엄청난 물건들만 파는 줄 알았는데 온갖 물건이 다 있잖아요.

소화는 예쁜이를 향해 웃으며 말했어요.

"예쁜아, 아무리 봐도 네가 최고로 값진 것 같은데?"

그 말이 기분 좋았는지 예쁜이가 풀쩍 뛰어올랐어요. 그 바람에 소화는 허둥지둥 예쁜이를 다시 보자기로 싸야 했지요.

그때 어디선가 어른들이 다투는 소리가 들려왔어요.

"어이, 그쪽은 내 자리요! 내 할아버지 때부터 거기서 장사했거늘!"

"어허, 무슨 소리. 이 자리는 저번 달부터 내가 맡지 않았나."

소리가 들리는 쪽으로 고개를 돌려 보니 장터 길목의 좋은 자리를 두고 장작 장수와 건어물 장수가 실랑이를 벌이고 있었어요. 코에서 김을 씩씩 뿜어 대는 두 아저씨의 모습이 재밌어서 좀 더 구경할까 했지만 갈 길이 바쁜 소화는 서둘러 걸음을 옮겨야 했지요.

그때였어요. 갑자기 길이 훤하게 넓어지면서 더 넓은 풍경이 눈 안에 들어왔어요. 드디어 장터 입구에 도착한 거예요.

"예쁜아, 예쁜아! 저거 봐!"

소화가 손끝으로 가리킨 저잣거리에는 이른 아침인데도 사람들로 북적대고 있었어요. 장사를 준비하는 장사꾼들과 좋은 물건을 일찍 사려는 손님들이 모두 모여들었거든요. 시골 작은 마을에 사는 소화는 이렇게 많은 사람을 한꺼번에 본 건 처음이었어요.

소화가 휘둥그레진 눈으로 둘러보는데 어디선가 "여기 산삼이요!" 하는 소리가 들리는 것 같았어요. 소화는 정신을 바짝 차리고 소리가 나는 쪽을 바라봤어요. 하지만 사람이 너무 많아서 소리가 어디서 나는지 알 길이 없었어요. 그때 또다시 "산삼 팝니다!" 하는 소리

🥬 들어가는 입구부터 웅성웅성

장터에는 지붕도 있고 자리가 정해진 가게들도 있었지만, 사람이 다니는 길에 자리를 깔고 장사하는 이들도 많았어요. 이렇게 거리에서 하는 장사를 '노점'이라고 하지요. 사람이 많이 다니는 길목 어디에나 노점들을 볼 수 있었어요. 때로는 좋은 자리를 두고 노점 주인들 사이에 다툼이 벌어지기도 했지요.

📻 장사꾼 아닌 사람도 많아요

시골 장에서는 '파는 사람이 곧 사는 사람이고, 사는 사람이 곧 파는 사람'이라는 말이 있었어요. 굳이 장사꾼이 아니라도 옛 우리 장터에는 평범한 사람들이 농사지은 농산물이나 직접 만든 자잘한 물건들을 내다 팔기도 했거든요.

때로는 서로 필요한 것을 바꿔서 가져가는 물물교환도 많았지요.

가 들리는 게 아니겠어요.

소화는 소리 나는 쪽으로 달려갔어요. 그때, 아뿔싸! 갑자기 이마가 뭔가에 쿵 부딪치더니 눈에 번쩍 별이 떴어요. 소화는 그대로 고꾸라지고 말았지요. 이어서 와장창 깨지는 소리도 들렸어요. 예쁜이도 꼬꼬댁 울며 보자기와 뒹굴었어요.

"아얏! 대체 무슨 짓이야! 앞 좀 보고 다녀!"

바닥에 나동그라진 소화의 앞에서 누군가 깨진 무릎을 잡고 일어섰어요. 가만 보니 소화 또래의 사내아이였어요. 머리는 덥수룩해서 하늘을 향해 솟아 있고, 눈은 부리부리했지요.

'세상에, 이 일을 어쩐담.'

소화는 울상이 되었어요. 사내아이의 지게가 바닥에 팽개쳐져 있고, 주변에는 깨진 옹기 조각들이 가득했거든요. 소화와 부딪치는 바람에 사내아이가 지고 있던 옹기를 깨뜨린 것 같았어요.

주변에서 어른들이 달려왔어요.

"아이고, 다친 데는 없나? 그나저나 옹기를 다 깨뜨려서 워쩐댜?"

소화는 조금 겁이 났어요. 옹기값을 물어 달라고 할까 봐요.

역시나 사내아이는 길길이 날뛰며 소리쳤어요.

"야! 너는 눈이 뒤통수에 달렸냐? 이 깨진 옹기들 어쩔 거야? 빨리 물어내!"

사내아이의 고함 소리에 예쁜이도 놀라 푸드덕 뛰어올랐어요. 소화도 얼굴이 빨개졌지만, 그렇다고 주저앉을 아이는 아니었어요.

　소화는 옷을 툭툭 털고 일어나서 이렇게 외쳤지요.

"흥, 물어 주면 될 것 아냐? 내가 일부러 네 옹기를 깨뜨렸겠니?"

　소화는 사내아이를 바라보며 꿀꺽 침을 삼켰어요. 가슴이 두근두근했지만 아무렇지 않은 척하면서요.

　대체 어떻게 해야 깨진 옹기값을 물어 줄 수 있을까요?

옛 장터 둘러보기 조선 시대 3대 시장

장터 중에도 최고 장터였던 대구장과 평양장, 그리고 강경장은 많은 사람들에게 사랑받았어요. 조선 시대에는 장터가 발달해 수많은 장터들이 있었지만, 그중에서도 이 세 곳은 가장 큰 장터로 '조선 시대 3대 시장'이라 불렸지요.

평양장
3대 시장 중에 유일하게 북쪽에 자리 잡았던 장터로, 북부 지방에서 가장 큰 규모를 자랑했어요. 규모와 물품 가짓수, 찾는 사람 수 등이 조선의 수도인 한양의 장터들과 쌍벽을 이룰 정도였지요.

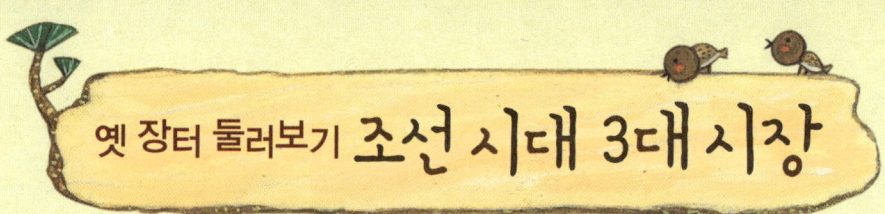

평양

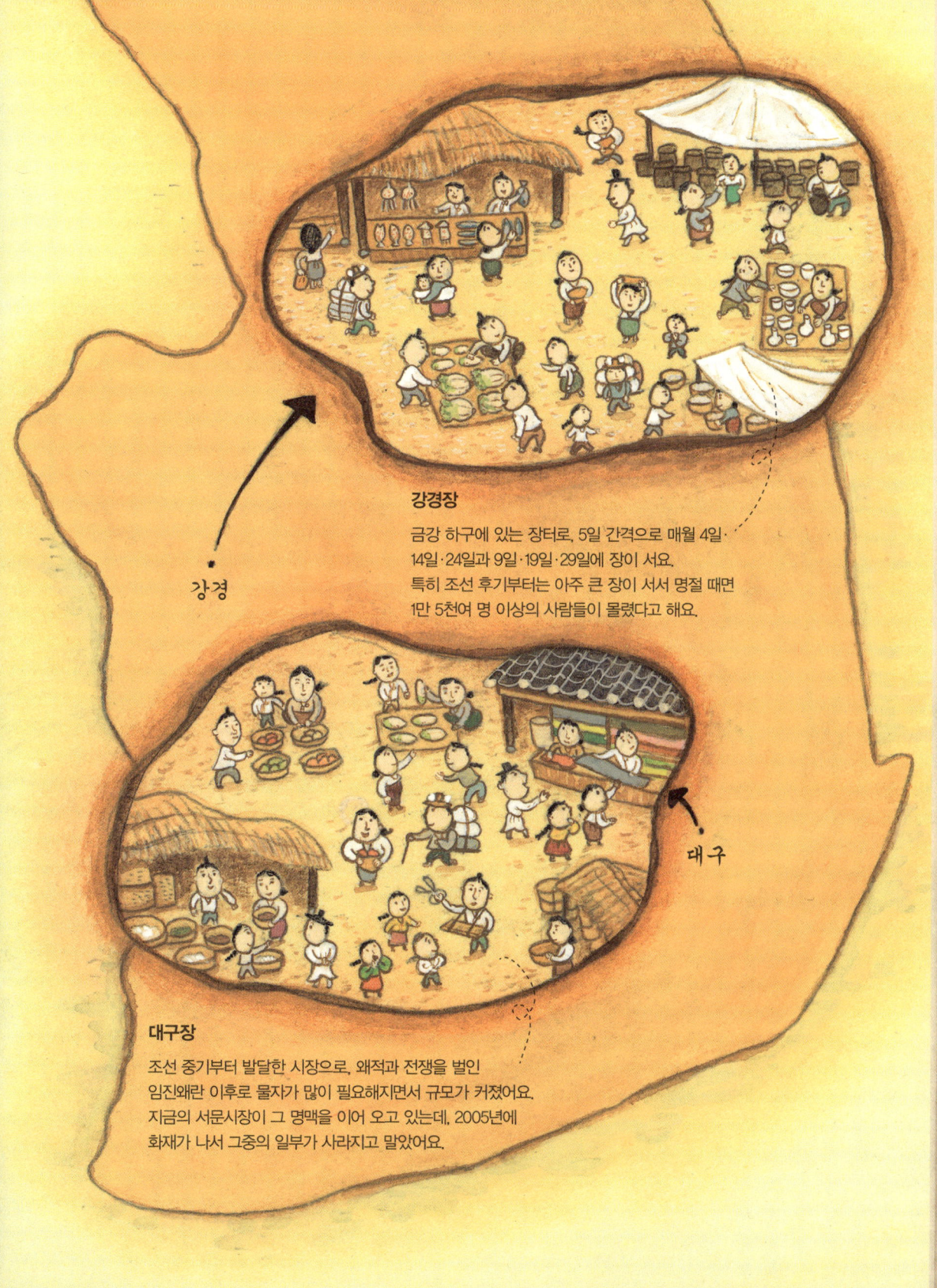

상인의 종류
장사꾼도 다종다양, 우리 옛 상인들

사내아이의 이름은 '모지'라고 했어요. 모지는 옹기값을 물어내라고 길길이 날뛰다가 결국 소화와 약속 하나를 하게 됐지요. 소화가 당돌한 태도로 이렇게 말했거든요.

"좋아, 무슨 일이 있어도 네 옹기값은 꼭 갚아 줄게. 대신 조건이 있어. 내가 장사를 잘 할 수 있게 도와줘."

모지는 고개를 돌린 채 콧방귀를 뀌었어요.

"흥, 빚진 주제에 조건?"

그 말에 소화는 단단하게 팔짱을 끼고 모지를 흘겨보았지요.

"아, 옹기값 받기 싫은 모양이구나? 그럼 관에 이르든지 말든지 맘대로 해. 난 가야겠어. 몹시 바쁘니까."

관에서 장터의 규칙을 관리했어요

'관'이란 나라의 정부 기관을 말해요. 요즘으로 보자면 구청, 경찰서 같은 역할을 하는 곳이지요. 장터는 수많은 사람들이 오가는 곳이다 보니 다양한 규칙이 필요했고, 관에서 이런 규칙을 관리했어요.
이를테면 장터에서 정기적으로 장사를 하는 장사꾼들은 일종의 세금인 '장세'를 냈어요. 또한 사고파는 일을 중개하는 사람들도 관의 허락을 꼭 받아야 했지요. 만일 이런 규칙을 어기면 곤장을 맞거나 번 돈을 빼앗기기도 했어요.

모지는 쌩 돌아서는 소화의 옷소매를 서둘러 잡았어요.

"야, 거기 서! 알았어, 알았다고!"

소화가 도망갈까 봐 겁이 난 모지는 소화의 말을 듣기로 했어요.

"하지만 내 옹기값은 꼭 물어 줘야 해. 아버지가 이 사실을 아시면 실망하신단 말이야."

모지의 아버지는 상인, 그것도 그 유명하다는 경강상인 중에 한 사람이라고 했어요. 경강상인은 경강 지역을 중심으로 활동하는 상인으로, 나룻배를 타고 바닷길을 따라 장사를 했지요.

모지는 어릴 때부터 아버지를 따라 장터를 다녔고, 무슨 물건이건 척척 파는 아버지를 보면서 훌륭한 상인이 되겠다는 꿈을 꾸었어요.

그리고 바로 오늘, 아버지가 모지에게 훌륭한 상인이 되기 위한 첫 숙제를 내주었어요. 누구의 도움 없이 모지 혼자 옹기를 팔아 오라는 것이었어요.

아까는 그렇게 의기양양했던 모지가 힘없이 말했어요.

"내 이름이 왜 '모지'인 줄 알아?"

"글쎄?"

"뭐든 지혜롭게 파는 훌륭한 장사꾼이 되라고 아버지가 지어 주신 거야."

"흥, 모자라서 모지가 아니고?"

소화가 혀를 날름 내밀었어요. 그 말에 모지는 세모눈을 하고 소화를 바라보았지만 금방 진지해졌어요.

"난 중국에 가고 싶어. 이걸 팔아 와야 아버지가 중국에 가실 때 나를 데려가 주시기로 했단 말이야."

사실 소화는 모지에게 미안했어요. 그래서 모지의 기분을 풀어 주려고 힘차게 말했지요.

"걱정 마, 우리가 힘을 합치면 잘될 거야. 넌 아버지께 배운 게 많고, 나는 이렇게 깡다구가 있잖아."

좌고
'좌상'이라고도 하는데, 가게 한 칸을 점유하고 매달 자릿값과 비슷한 세금을 냈어요.

행상
'보부상'이라고도 하고, '장돌림'이라고도 해요. 보부상은 다시 보상과 부상으로 나뉘어요. 보상은 '봇짐장수'라고도 불렸는데 주로 부피는 작지만 값비싼 물건들을 팔았어요. 한편 부상은 '등짐장수'라고도 불렸는데, 이들이 파는 물건들은 부피가 좀 크고 값이 싼 것들이었지요.

좌고와 행상
조선 시대의 법전인 《경국대전》을 보면, 상인에는 두 종류가 있어요. 앉아서 물건을 파는 '좌고'와 걸어서 돌아다니며 장사하는 '행상'이에요.

 소화가 자신 있게 웃자 모지도 조금 안심한 얼굴로 빈 지게를 지었어요. 두 아이는 좀 더 북적대는 장터 입구로 잰걸음을 옮겼답니다.
 그때 소화가 고개를 갸우뚱했어요.
 "그런데 왜 지게로 장사를 해? 넌 아버지가 유명한 상인이니 꼭 그럴 필요는 없잖아?"
 "상인이라고 다 가게를 가진 건 아니야. 번듯한 가게를 가진 붙박이 상인도 있지만, 앉아서 노점을 하는 좌고도 있고, 돌아다니며 파는 행상도 있거든. 보부상, 장돌림, 봇짐장수 같은 이름 들어 봤지? 다들 이렇게 걸어 다니며 장사하는 사람들

나라를 구한 보부상들

보부상들은 전국 방방곡곡을 걸어 다니는 사람들이에요. 따라서 마을과 마을 간의 소식을 전해 줄 뿐만 아니라, 나라에 위기가 닥칠 때도 중요한 역할을 했지요. 임진왜란 때는 무기와 식량을 옮기고, 소식을 전하는 역할을 해서 전쟁에서 이기는 데 큰 도움을 주었고, 병자호란 때는 군비와 식량을 모아서 직접 싸우기도 했대요.

을 뜻해. 나는 이 행상들이 좋아."

"나라면 편안한 가게를 가질 텐데, 왜?"

"나는 한 곳에 머물며 만족하는 그런 상인이 아니라, 더 넓은 세상을 여행하는 큰 상인이 될 거거든. 게다가 보부상들은 오일장 같은 데서 가장 중요한 역할을 하는 상인이고, 나라에 큰일이 나면 중요한 소식을 마을에 전하는 사람이기도 해. 난 행상이 좌고보다 대단하다고 생각해. 만일 보부상이 없다면 이런 오일장은 제대로 열리지도 못할걸?"

문득 모지의 눈이 꿈꾸는 것처럼 반짝거렸어요. 소화는 그런 모지가 왠지 든든하다는 생각이 들었어요. 하지만 갈 길이 바쁘니 말없이 걸음을 옮길 수밖에 없었지요.

그때 어디선가 굵직한 목소리가 들렸어요.

"어이, 거기 꼬마들아! 그래, 옹기값 해결은 보았느냐?"

낡은 갓을 쓰고 콧수염을 기른 아저씨가 둘에게 다가오고 있었지요. 아까 소화가 모지의 옹기를 깼을 때 옆에서 지켜봤던 사람들 중에 하나인 것 같았어요. 모지는 할 말을 찾지 못해 머리를 긁적댔지만, 소화는 야무지게 고개를 끄덕였지요.

"네, 제가 장사로 돈을 벌어서 빚을 갚기로 했어요. 모지는 저를 도와주고요."

그 말에 콧수염 아저씨는 기특하다는 듯이 허허 웃었어요.

"좋다, 다행히 내 이곳에서 거간꾼 노릇을 하니 너희를 도와줄 수도 있겠구나. 그래, 그럼 뭘로 장사를 할 것인고?"

그 말에 소화는 자신만만하게 손에 든 보자기를 가리켰지요. 그 안에는 예쁜이가 눈을 감고 졸면서 꾸룩꾸룩 소리를 내고 있었어요.

이번에는 모지가 말했지요.

사고파는 일에 다리를 놓아 주는 거간꾼

거간꾼은 물건을 사려는 사람과 팔려는 사람을 연결해 주는 중개자를 말해요. 그런데 이 거간꾼에도 여러 종류가 있어요. 상점 근처에서 물건 구하는 사람에게 상점을 소개시켜 주는 여리꾼뿐만 아니라, 집이나 땅 같은 큰 물건 거래를 연결해 주는 부동산 거간도 있고, 중국 물건만 다루는 당화 거간도 있지요.

"힘을 합쳐 이 암탉을 팔아서 산삼도 사고, 옹기값도 벌 거예요."

그 말에 거간꾼 아저씨가 다시 허허 웃었어요.

"내 이 장터에서 거간꾼 노릇을 한 지 십여 년이다만, 산삼이라면 이 장터에서 가장 값나가는 물건이 아니더냐. 게다가 이 무렵 여기서 좋은 산삼을 파는 상인은 딱 한 사람이로다. 깐깐하기로 소문난 개성상인 리정훈이지."

그 말에 모지는 갑자기 울상이 되었어요.

"개성상인 리정훈은 거상이잖아요. 어휴, 그런 깐깐한 사람한테 산삼을 어떻게 사요. 분명히 비쌀 텐데."

소화는 곰곰이 생각하더니 거간꾼 아저씨에게 물었어요.

"어디로 가면 그분을 만날 수 있어요?"

그 말에 거간꾼 아저씨는 고개를 설레설레 저었어요.

"글쎄다. 장사꾼들이란 게 원래 바람 같아서 말이야. 그이가 오면 분명 장터가 시끄러워질 테니 그때 물어서 찾으면 될 게다."

거간꾼 아저씨가 이번에는 모지에게 말했어요.

"인간 세상에 법도가 있듯이, 장사에도 상도라는 게 있단다. 개성상인 리정훈이 거상인 것은 셈을 잘해서가 아니라 장사 이치를 잘 지키는 사람이기 때문이지."

"장사의 이치요?"

"그렇지. 겨울이 지나면 봄이 오는 것처럼 세상 모든 것에는 순서와 이치가 있느니라. 장사에도 마찬가지로 순서와 법이 있고. 그걸 잘 지켜야 거상인 게지."

소화도 모지도 아리송한 얼굴이었지만 그래도 고개를 끄덕였어요.

그때 거간꾼 아저씨가 대차게 말했어요.

"좋다! 내가 잘 아는 이가 이 근처에서 병아리 전을 열고 있느니라. 내 그이한테 사정을 말해 볼 테니, 일단 그 암탉값을 잘 쳐서 팔아 보거라."

소화는 보자기에 싸인 채 졸고 있는 예쁜이를 물끄러미 내려다보았어요. 예쁜이와 정말 헤어져야 한다고 생각하니 매우 슬퍼졌어요. 하지만 소화는 마음을 단단히 먹고 다시 걸음을 옮겼어요.

역시 거간꾼은 재빨라야 장사를 잘한다는 말이 맞나 봐요. 아저씨의 갈지자 걸음이 어찌나 빠른지 도포 자락이 펄럭펄럭거렸어요. 소화와 모지도 서둘러 거간꾼 아저씨를 쫓아갔어요.

장사에도 예의와 법칙이 있어요

나쁜 행동을 하지 않기 위해 꼭 지켜야 할 것이 '법'이라면, '도'는 사람 간의 예의와 믿음을 위한 규칙을 뜻해요. 장사에도 그에 어울리는 올바른 길이 있는데, 이를 '상도'라고 해요. 이를테면 거래와 관련된 약속을 꼭 지키는 것, 돈보다 먼저 믿음을 중시하는 것, 서로에게 이득이 되는 거래를 하는 것 등이에요.

옛 장터 둘러보기 — 상인의 종류

조선 시대에는 나는 새도 떨어뜨린다는 유명한 지역 상인들이 있었지요. 각 지역의 위치나 특색에 따라 다루는 물품이나 장사 방법이 달랐어요. 누가 누가 최고인지 함께 살펴보아요.

경강상인

한강의 주요 나루터에서 배를 몰고 세금으로 징수된 물품 등을 운반했던 상인들이에요. 지방에서 세금으로 다양한 특산물과 곡식, 직물 등을 거둬들이면 정해진 바닷길을 통해 한양으로 운반했지요.

의주상인

의주는 중국과 맞닿은 한반도의 북쪽에 있는 곳으로, 의주상인들은 조선 후기에 중국을 오가며 장사를 했어요. 특히 청나라, 명나라와 교역이 활발해지면서 의주상인들의 중요성도 커졌어요.

동래상인
일본과의 무역을 담당했던 상인들이에요.
하지만 거래를 하는 도중 기밀이 누설되고
부정이 있을 수 있어 동래상인들이 일본
상인들과 거래할 수 있는 장소는 '왜관'이라
불리는 장소뿐이었어요.

개성상인
지식과 기개를 갖추기로 유명한 개성 지역의
상인들이에요. 개성상인들은 한양뿐만 아니라
중국과도 교역을 했는데 상술이 뛰어나고
자신들만의 경영 방식을 발전시키기도 했지요.

상점의 종류

골목골목 신기한 가게들이 가득하네!

　　　　　소화는 예쁜이를 판 돈을 소중하게 주머니에 넣었어요. 예쁜이가 병아리 전 상인 손에 넘어갈 때 눈물이 났지만 꾹 참고 돈을 받았지요. 거래가 끝나자 거간꾼 아저씨는 두 아이들에게 이렇게 말했어요.

"진짜 장사꾼이 되고 싶으냐? 그렇다면 그 돈을 씨앗 삼아서 더 크게 불려 보거라. 저기 왼편으로 나가면 가게들이 모여 있는 큰 저잣거리가 나오니 구할 만한 물건들을 찾을 수 있을 게야."

두 아이는 거간꾼 아저씨와 헤어진 뒤 저잣거리로 나섰어요.

아저씨의 말대로 거리에는 정말로 다양한 상인들과 가게들이 있었어요. 게다가 물밀듯이 수많은 사람들이 밀려들고 있었지요. 길거리를 따라 양쪽에는 채소 파는 곳, 쌀 파는 곳, 생선 파는 곳, 옷감 파는 곳, 조선 시대의 모자인 탕건과 갓을 파는 곳, 그 외에도 수많은 가게들이 보였어요.

소화는 너무 많은 가게들을 한꺼번에 보니 조금 어지러운 기분이었어요.

"장터가 이런 곳이구나. 없는 게 없네!"

모지가 크게 고개를 끄덕였어요.

"당연하지. '밥 빌어먹기는 장타령이 제일'이라는 속담도 있잖아? 장에는 없는 게 없고 인심도 후하거든."

"저 가게는 뭐야? 저건 뭐고?"

호기심이 가득해진 소화가 요기조기 가리키며 물었어요.

"저기는 면직물을 파는 면포전이고, 저기 빤짝빤짝한 놋그릇하고 대접과 주발을 파는 곳은 유기전이라고 해. 저건 담배야. 담배를 파는 가게는 연초전이라고 하고."

소화는 모지가 줄줄 읊어 대는 가게 이름에 눈이 휘둥그레졌어요. 그러고는 다시 생각에 잠겼어요.

"그런데 어떤 물건을 골라 사야 잘 되팔 수 있을까?"

소화의 말에 의기양양했던 모지도 입을 꾹 다물었어요. 장사 경험이 없는 모지도 아리송하기는 마찬가지인가 봐요. 소화와 모지는 일단 가게들을 죽 둘러보기로 했어요.

그때 소화의 눈에 띈 곳이 있었어요. 수십 마리의 소들을 우리에 묶어 놓고 파는 우시장이에요. 소화의 얼굴이 환해졌어요.

"우아, 저 소들 좀 봐! 소는 누구나 좋아하는 거니까, 엄청나게 잘 팔리지 않을까?"

소화가 신나서 달려가려 했지만 모지가 고개를 저었어요.

"소용없어. 우시장은 장터에서 가장 큰돈이 오가는 곳이야. 닭 한 마리 값으로는 쇠뿔 한 쪽도 못 살걸."

"그럼 저건?"

소화가 이번에는 비단을 파는 선전을 가리켰지요. 모지는 다시

큰돈이 오가는 우시장

'쇠전', '쇠장', '소시장'이라고도 불렸던 우시장은 장터에서 가장 큰돈이 오가는 시장이었지요. 여기서는 소뿐만 아니라 돼지, 염소 등도 함께 팔았어요. 농촌이 대부분이었던 조선 시대에 소는 귀한 가축이었기 때문에 값 또한 비쌌어요.

한번 고개를 저었어요.

"비단 가게 같은 곳들은 좋은 물건들을 비싸게 팔아. 한양의 유푼각전들에서 파는 비단을 보니 엄두도 못 낼 정도로 비쌌다고."

"그럼 우리는 어디서 물건을 사?"

소화의 물음에 모지는 주변을 휘휘 둘러보다가 뭔가가 생각난 듯이 눈을 반짝거렸어요.

"맞아! 장터에서 가장 많이 거래가 되는 물품은 곡물과 직물이야. 이 두 가지는 누구에게나 필요한 것이거든."

모지가 소화를 이끈 곳은 면포전과 미전, 잡곡전이었어요. 면포전에는 사람들이 평상시에 입는 옷을 만드는 무명, 베 같은 옷감이 수북하게 쌓여 있었지요. 미전과 잡곡전의 곡식들도 살펴보니 쌀과 보리, 콩 같은 익숙한 것들이었고요. 일상적으로 쓰는 생활필수품이다 보니 벌써 많은 사람들이 이 가게들 앞에서 흥정을 벌이고 있었어요.

"잠깐만 기다려. 내 금방 다녀올게."

모지가 기대에 찬 얼굴로 가게들 쪽으로 다가갔어요. 가격을 물어보려고요. 하지만 곧 사람들 틈을 비집고 끙끙대며 되돌아왔어요.

"역시 미곡전이나 면포전 물건들도 우리가 사기에는 부피도 크고 비싸."

모지가 힘없이 고개를 저으며 말했어요. 하지만 실망하는 눈치는 아니었지요. 모지는 한참이나 소화를 데리고 이곳저곳을 돌아다니다

부자 가게 유푼각전, 작은 가게 무푼각전

조선 시대 장터는 크게 시전과 장시로 나눌 수 있어요. 시전은 큰 도시의 장터로, 한양·개성·평양·수원 같은 도시에 있었고, 장시는 전국에 퍼져 있는 작은 규모의 장터였지요.
시전은 관의 허락을 받고 가게를 열 수 있었는데, 이중에 이득이 많은 시전에는 세금을 매겼어요. 규모가 작은 시전은 세금을 내지 않고 장사를 할 수 있었지요. 세금을 내는 큰 규모의 시전을 '유푼각전', 세금을 면제받은 작은 규모의 시전을 '무푼각전'이라고 불렀어요.

가, 담벼락 그늘에 앉아 물건을 파는 한 아주머니를 발견하고는 손끝으로 가리켰어요.

"어! 저건 어떨까?"

가만히 보니 아주머니의 좌판에는 댕기와 노리개, 머리 장식, 비녀 같은 예쁜 장신구들이 놓여 있지 않겠어요. 하지만 손님이 많지 않아서인지 주인 아주머니는 긴 하품을 하고 있는 중이었어요.

아주머니는 이번 장에 장신구를 팔러 온 방물장수였어요. 모지가 다가가 눈을 반짝이며 물었어요.

"아주머니, 저 비단 댕기는 얼마예요?"

모지의 물음에 방물장수가 호기심 어린 얼굴로 말했어요.

"엽전 네 닢이란다. 그런데 웬 꼬마가 아가씨 물건을 탐내누."

"헤헤, 그런 게 아니에요."

모지는 두 손을 내저으며 싱긋 웃고는 잠시 눈을 굴리며 셈을 해 보았지요.

"엽전 네 닢이면 괜찮겠어."

"그런데 댕기는 사람들이 많이 안 사는 물건이잖아."

소화가 묻자 모지가 자신만만하게 답했어요.

"댕기는 사치품이잖아. 그러니 쌀이나 곡물처럼 이문이 정해져 있지 않고, 잘하면 더 많은 돈을 받을 수 있어. 파는 건 나한테 맡겨."

그 말에 방물장수 아주머니가 빙긋 웃었어요.

"호호, 꼬마가 제법 영특하구나. 하지만 댕기 하나 되판다 해도 큰 이문을 남기기는 어려울 게야. 사치품 중에서도 댕기는 싼 사치품이지 않니. 이런 은비녀라면 모르겠다만."

아주머니가 가리킨 것은 소화와 모지 형편으로는 살 수 없는 묵직한 비녀였지요.

"역시, 공부한 것과 몸으로 부딪치는 건 다른가."

모지가 힘없이 말하자 방물장수가 다시 웃었어요.

"그렇단다. 모든 건 몸으로 경험해야 제대로 알 수 있는 법이지. 그

장터의 1등 물품, 곡물과 직물

쌀, 보리, 콩, 조 같은 곡물은 농촌 사회였던 조선 시대에 가장 쉽게 장터에 내다팔 수 있고, 또 가장 많이 팔리는 상품이었어요. 조선 시대 장터의 중심을 차지했지요. 또한 면이나 마, 명주 같은 직물도 평상시 입는 옷을 만드는 데 쓰였기 때문에 거래가 가장 활발한 상품에 속했어요. 특히 면직물은 찾는 사람이 많아서 곡물보다 좋은 가격에 팔렸어요. 이렇게 많은 사람들이 거래를 하다 보니, 조선 시대의 모든 장에는 곡물 가게와 직물 가게가 반드시 있었지요.

런데 무슨 일로 댕기를 사서 되팔겠다는 거지?"

아주머니의 친절한 물음과 미소 어린 얼굴에 소화는 문득 긴장이 풀어지는 것 같았어요. 그래서 할머니 이야기와 모지의 옹기를 깨뜨린 사연까지 털어놓게 되었지요. 그러자 방물장수는 고개를 끄덕이며 두 아이를 칭찬해 주었어요.

"너희 뜻이 정히 그러하다면 하늘도 너희를 도와주실 게다. 다 방법이 있나니. 나와 어디를 좀 가자꾸나. 내 비단 댕기 하나를 선물로 줄 터이니, 전당포라는 곳에 이걸 맡겨 보려무나. 너희가 가진 돈에 더 돈을 얹어 좋은 물건을 살 수 있을 게다."

방물장수는 두 아이를 데리고 어딘가로 향했어요.

그런데 따라가는 내내 소화는 마음이 이상했어요. 한 동네에서만 살았던 소화는 바깥세상은 무서운 곳이라고 생각했거든요. 그런데 거간꾼 아저씨와 방물장수 아줌마까지, 벌써 좋은 사람을 두 명이나 만났으니 개성상인 리정훈도 알고 보면 좋은 사람이 아닐까 하는 생각이 들었어요.

도착한 곳은 온갖 물건들이 창고에 쌓여 있는 전당포였어요. 아주머니는 주인 아저씨와 오래 흥정해서 엽전을 세 닢이나 받아 주었어요. 댕기를 맡기고 받은 돈을 소화의 손에 쥐여 주면서 말했지요.

"나중에 꼭 돈을 벌어 이 댕기를 찾아가려무나. 그리고 딱한 사정이 있다면 벽서를 써 보는 건 어떻겠니. 벽서를 쓰면 많은 사람들이

꼭 필요하지 않아도 갖고 싶은 물건, 사치품
먹고사는 데 꼭 필요하지는 않지만 값지고 예뻐서 비싼 가격에 거래되는 물품을 '사치품'이라고 해요. 비녀나 비단 댕기, 갓끈이나 담뱃대 등 사치품에도 여러 종류가 있어요. 이런 사치품들은 부자들이 많이 사서 쓰는 물건들이었지요. 비싸고 귀한 물건이다 보니, 이런 사치품을 만들기 위해 나라에 일정한 세금을 내기도 했어요.

너희 일을 알 수 있을 테고, 그러면 도움을 줄 수도 있을 테니까."

하지만 소화와 모지는 글을 모르는 데다 종이도 붓도 먹도 가지고 있지 않았어요. 방물장수는 이번에도 두 아이를 어디론가 이끌었어요. 도착한 곳은 바로 **복덕방**이었답니다. 방물장수가 들어서자 코 빨간 복덕방 주인이 방물장수를 반겼어요.

"아이고, 방울네! 오랜만이오. 요 몇 달 얼굴이 안 보이기에 어디 새 시집이라도 갔나 했소, 허허."

"내 저번 달에는 다른 장터를 찾았다오. 그나저나, 복덕방 어른. 이 아이들을 위해 편지 한 장 써 주오."

그 말에 복덕방 주인이 두 아이를 바라보았어요.

"오호, 계약서도 아닌 편지를 말이오?"

"다 이유가 있어 그러니 어서 준비나 해 주시오."

복덕방 주인은 군말 없이 지필묵을 챙기고는 글 쓸 준비를 마쳤어요.

"자, 쓰고 싶은 글귀를 말해 보려무나. 내가 멋들어진 글씨로 네 사연을 적어 줄 테니까."

복덕방 주인이 소화에게 말했어요.

소화는 곰곰이 생각했어요.

"어떻게 쓸 건데?"

모지가 소화의 귀에 대고 속삭였어요.

"몰라서 묻니? 개성상인 리정훈 아저씨한테 써야지."

소화의 말에 모지는 눈이 휘둥그레졌지만, 소화는 또박또박 사연을 말했어요. 줄줄 읊는 소화의 사연에 복덕방 주인의 붓질도 바빠졌지요.

"어이, 명문이로고!"

거간 중의 하나인 복덕방

복덕방은 땅이나 집, 가게 같은 곳을 소개시켜 주는 거간 중에 하나예요. 때로는 집안 살림을 도와주는 이를 소개해 주거나, 과부의 결혼 중매까지 해 주었다고 해요.
그런데 땅이나 집 같은 거래가 이루어지려면 반드시 계약서가 필요해요. 돈과 물건을 주고받았다는 일종의 증서인 것이지요. 복덕방에서는 물건을 사고파는 사람을 대신해 계약서를 써 주기도 했어요.

벽서를 다 쓴 복덕방 주인이 무릎을 탁 쳤어요. 그러고는 당당하게 장터 한복판에 붙이고 돌아왔지요.

복덕방 주인은 너털웃음을 지으며 말했어요.

"보아하니 똑똑한 꼬마들이로고. 잘 해낼 게다! 암, 그렇고말고."

마지막으로 방물장수는 복덕방 주인에게 또 한 장의 편지를 써 달라고 부탁했어요. 그러고는 그 편지를 소화와 모지의 손에 꼭 쥐어 주며 말했어요.

"이걸 가지고 저잣거리 왼 끝 편에 있는 대장간을 찾아가거라. 거기 주인장도 너희를 도와줄 게야."

장터 사람들, 나 좀 보소!

장터에는 많은 사람들이 모이기 때문에 소문이 빨리 퍼졌어요. 그래서 종종 억울하거나 도움을 바라는 사연, 사회적인 불만을 담은 내용의 벽서 들이 나붙었지요. 그러면 많은 이들이 이런 벽서들을 보고 입에서 입으로 이야기를 전하곤 했지요. 이런 의미에서 장터는 정기적으로 사람들이 모여들어 새로운 소식을 전해 듣고, 또 전하는 공간이기도 했어요.

대장간은 낫과 호미, 쟁기 같은 농기구나 연장을 만들어 파는 가게였지요. 어째서 대장간을 찾아가라는 건지 궁금했지만 소화와 모지는 고개를 끄덕였어요.
　마지막으로 방물장수는 연신 고맙다고 인사하는 두 아이를 포근하게 한 번씩 안아 주었어요.

옛 장터 둘러보기 상점의 종류

장터에는 없는 물건이 없었어요. 이렇게 다양한 물건들은 저마다 파는 상점들이 따로 있었지요. 온갖 종류의 상점들을 구경하다 보면 지루한 줄 몰라요.

교자전
가마를 파는 가게예요.

연초전
담배를 파는 가게예요.

장사 도구

장사에도 정해진 규칙이 있는 법!

　　　　　'이보오, 할배. 나 방물장수요. 장날 동안 여기 아이 둘 좀 잠시 맡아 주오. 어린 것들 둘이서 어쩔 줄 몰라 하는 걸 보니 우리 아이들이 생각나서 그러오. 일을 시켜 셈을 쳐줘도 좋고, 장사를 가르쳐도 좋으니 이 아이들을 좀 도와주오.'

　머리도 수염도 새하얀 대장간 할아버지는 편지를 읽고는 찬찬히 두 아이를 살펴보았어요. 두 아이 모두 눈은 초롱초롱하고 얼굴에는 호기심이 가득했지요.

　할아버지는 별말 없이 붉게 달군 철을 뚝딱뚝딱 천천히 두드리기 시작했어요. 모지는 대장간 벽에 걸려 있는 연장과 농기구 구경에 정신이 없었어요.

소화는 할아버지에게 다가갔지요.

"할아버지, 뭘 만드시는 거예요?"

"복덩이 만들지."

"복덩이요?"

"이 기구들은 농사를 짓거나 일할 때 꼭 필요한 것들이니라. 농사꾼들에게는 농기구가 귀한 것이고, 일하는 사람에게는 연장이 귀한 것이니 이 모두가 복덩이 만드는 일 아니겠느냐?"

할아버지가 웃자 얼굴에 하회탈 같은 주름이 졌어요. 소화는 무슨 말인지 아리송했지만, 그래도 할아버지가 좋은 일을 하신다는 생각이 들었어요.

조선 시대의 돈, 상평통보
흔히 '엽전'이라고도 불리는 상평통보는 조선 숙종 때 물품 거래가 활발해지면서 만들어졌어요. 이때부터 조선 말기까지 200년 정도 쓰인 상평통보는 우리나라 화폐 사상 처음으로 전국 어디서나 쓰였던 화폐예요.

이윽고 할아버지가 느긋하게 물었어요.

"무슨 사정인지는 모르겠다만……. 그래, 무엇을 도와줄까?"

소화는 잠시 곰곰이 생각하다가 조심스럽게 물었어요.

"할아버지, 혹시요."

소화가 조금 우물쭈물하다가 말했어요.

"할아버지는 쟁기도 만들고, 낫이랑 호미도 만들고, 철로 된 건 뭐든지 만드시잖아요. 혹시 엽전도 만들어 주실 수 있어요?"

그 말에 할아버지는 잠시 일손을 멈추고 허허 웃었어요.

"엽전은 대장간에서 함부로 만들 수 없는 물건이란다. 관의 허락을 맡아 정해진 곳에서만 만들 수 있지."

그 말에 소화는 얼굴이 빨개졌어요. 노력도 하지 않고 엽전을 만들어 달라고 한 자신이 좀 부끄러웠지요.

그때 모지가 저만치서 소리쳤어요.

"할아버지! 할아버지! 이 호미들 저한테 파시겠어요?"

모지는 장사할 생각에 신이 난 모양이었어요.

"허허, 어찌 저리 방정인고. 우선 이리 와서 나를 좀 도와주려무나."

할아버지의 말에 소화와 모지는 할아버지 곁으로 다가갔어요. 할아버지는 일손을 멈추고 둘에게 방금 완성된 호미와 낫을 건네주었지요.

"자, 이제 이것들이 주인을 찾아갈 시간이다. 내가 만든 호미와 낫은 아주 단단해서 소금 한 섬, 술 두 말 값은 쳐주지."

"소금 한 섬이면 비싼 거잖아요."

"그렇지. 마늘로 치면 다섯 접이오, 굴비로 쳐도 다섯 두름이니."

할아버지는 자부심 넘치는 얼굴로 호미는 소화에게, 낫은 모지에게 넘겨주었어요.

"자, 이 물건들이 주인을 찾아가기 전에 반짝반짝하게 닦아 주겠니? 날을 닦을 면포는 저기 걸려 있단다. 어렵지 않지?"

할아버지가 손때 묻은 면포가 걸린 벽을 가리켰어요. 소화와 모지

조선 시대의 도량형

물건을 사고팔 때는 손님에게 받은 돈만큼 정해진 양을 팔아야 하는데, 이것을 측정하는 기준을 '도량형'이라고 해요.

홉
한 되의 10분의 1로, 약 180mL예요.

되
한 말의 10분의 1, 한 홉의 열 배로, 약 1.8L예요.

말
한 되의 열 배로, 약 18L예요.

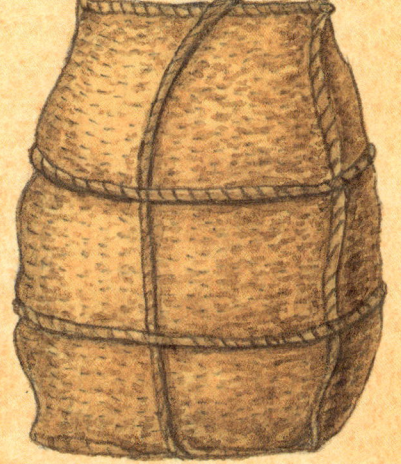
섬
한 말의 열 배로, 약 180L예요.

두름
조기와 같은 생선을 짚으로 한 줄에 10마리씩 두 줄로 엮은 것이에요.

다발
시금치와 열무, 배추 같은 야채를 셀 때 써요.

접
한 접은 채소나 과일 100개를 일컫는 단위예요.

톳
한 톳은 김 100장이에요.

권
책을 만드는 한지를 셀 때 써요. 한지 20장을 한 권이라 했어요.

는 재빨리 면포를 들고 와 호미와 낫의 날을 닦기 시작했어요.

한편 장터 한구석의 주막이 시끄러웠어요. 사람들이 수군대며 주막 한가운데서 밥 먹는 한 상인을 바라보고 있었지요. 그 상인은 다름 아닌 유명한 개성상인 리정훈이었어요.

"어허, 전설의 상인이라더니 모습은 평범하구먼."

"아니오, 눈빛이 대담한 걸 보오. 거상이 맞소."

모두가 한마디씩 했어요.

그때 신이 난 주모가 리정훈 앞에 탁주 한 사발을 내놓았지요.

"오랜만이구만유, 어르신. 이번에도 중국에서 좋은 산삼을 구해오셨다면서?"

잠시 후, 주모가 리정훈 곁에 바짝 붙어서 속닥대기 시작했어요.

"그런데, 아슈? 어르신을 찾는 아이 둘이 있는 모양이오. 장터에 벽서까지 붙였소."

그 말에 리정훈이 먹던 숟가락을 멈추고 고개를 들었어요.

"어린아이 둘이? 무슨 일로?"

"어린것들 둘이서 어르신께 산삼을 사겠다지 않소."

그 말에 리정훈은 허허 웃고 말았어요.

리정훈은 큰 장터만 돌아다니는 상인이에요. 비싸고 귀한 물건을 구하기 위해 저 멀리 중국도 왔다갔다하지요. 이처럼 외국을 많이 다니는 리정훈은 사실 한양에서만 물건을 팔아도 충분히 좋은 이문을 남길 수 있어요.

그럼에도 그가 이 장터를 찾는 것은 이곳이 그가 태어난 고향이기 때문이었어요. 다른 장터에서 팔면 더 좋은 값을 받을 수 있는 물건도 한 달에 한 번은 이 장터에 와서 팔곤 했어요. 하지만 리정훈이 구해 오는 물건들은 모두 귀한 것이라 그가 장터를 찾았다는 소식이 들리면 돈 많은 양반들이 줄을 서서 그를 맞이했지요.

밥을 다 먹은 리정훈은 수염을 쓰다듬고 값을 치렀어요. 그러고는 흐흠! 헛기침한 뒤 점잖은 걸음걸이로 주막을 나섰지요. 사람들의 눈길이 모두 리정훈의 뒷모습을 쫓았어요.

리정훈은 늘 그랬던 것처럼 정겨운 장터를 둘러볼 생각으로 따뜻

장터에는 외국 물건도 팔아요

조선 시대에도 다른 나라와 물건을 교환하거나 사고팔았는데, 이를 국제 무역이라고 해요. 상인들 중에 개성상인이나 동래상인, 의주 상인과 같은 사람들은 외국을 오가거나 지역에서 외국인들을 받아들이면서 국제 무역을 했어요.
특히 조선 시대에는 중국과의 무역이 활발해서 중국에서 수입한 물품들이 적지 않게 들어왔지요.

한 햇살 아래 어슬렁어슬렁 길을 걸었어요. 그런데 저만치 사람들이 웅성대며 모여 있는 게 아니겠어요? 벽서와 괘서가 나붙은 커다란 나무 밑이었지요.

리정훈은 문득 아까 주막에서 들었던 이야기가 기억났어요.

"두 꼬마가 벽서를 붙였다 했던가?"

리정훈은 벽서가 붙은 곳으로 다가갔어요. 잠시 후, 한눈에 벽서를 내리훑은 리정훈은 그만 껄껄 웃고 말았어요. 소화의 벽서 맨 마지막에는 이렇게 쓰여 있었지요.

"……그리하여 산삼을 구하게 되었으니,
개성상인 리정훈 어르신께 여쭙습니다.
소금 열 섬을 주고도 못 사고,
술 열 말을 줘도 못 사는 게 사람의 마음이니
귀한 산삼을 제게 주시면
훗날 거상이 되어 어르신을 뵙겠다는
제 귀한 약속을 드리겠습니다."

리정훈이 소화의 벽서를 즐겁게 읽고 있을 무렵, 대장간에서 소화와 모지는 호미와 낫을 깨끗하게 닦아 놓았어요. 할아버지는 구슬땀을 흘리며 일을 마친 두 아이에게 말했어요.

"모지는 튼튼하고 기개가 좋으니 이 낫을 닮았고, 소화는 단단하고 속 깊고 다정하니 이 호미를 닮았구나. 착한 아이들에게는 선물을 주어야지. 자, 너희가 이걸 팔아 오면 그 이문 절반을 너희에게 선물하마."

할아버지가 호미 다섯 자루와 낫 다섯 자루를 내주었어요.

"잊지 말거라. 내 호미와 낫은 각각 소금 한 섬, 술 두 말이라 하였다. 장터로 나가면 좋은 장사꾼들이 많으니 배워 보도록 하여라."

소화와 모지는 대장간 할아버지에게 꾸벅 인사하고 호미와 낫을 짊어졌어요.

"할아버지, 꼭 모두 팔아서 올게요!"

소화가 장담하듯이 외쳤어요. 모지도 주먹을 불끈 쥐어 보였지요. 할아버지는 고개를 끄덕이며 두 아이를 배웅했어요.

장터 분위기가 한창 무르익을 한낮 시간, 두 아이는 신나게 저잣거리로 내달렸어요.

옛 장터 둘러보기 장사 도구

인심 후한 우리 장터지만 계산은 깔끔해야죠?
장터에서는 정확한 거래를 위해 정해진 도구들을 사용했어요.

되
곡물이나 가루 따위의 양을 잴 때 가장 많이 쓰였던 기구예요. 손잡이가 달린 건 '손잡이 되'라고도 했지요.

포대
곡식이나 소금 같은 물품들을 이 포대에 넣어서 사고팔았지요.

저울
물건의 무게를 재는 데 사용되었어요.
크기도 모양도 다양했어요.

곡말
곡식의 양을 재는 데 쓰인 기구예요.

자
긴 막대기에 눈금을 표시해서
길이를 재는 데 사용했어요.

장터 놀이

우리 옛 장터에서는 뭘 하고 놀았을까?

　　　　　소화와 모지가 도착한 곳은 좌고들이 길가 양옆으로 늘어선 장터 한복판이었어요. 정오가 지난 장터는 한창 북적대고 있었지요. 갓과 의복을 차려입은 양반네들, 예쁘게 차려입은 여인네들, 어린아이, 어른 할 것 없이 모두가 장터 구경에 여념이 없었어요.

　소화도 모지도 자리를 찾아 두리번댔지만 이미 좋은 자리는 다른 상인들의 차지였어요.

　그때 누군가 모지와 소화를 알아보았어요.

　"어이, 벽서 붙인 꼬마들이 아니냐!"

　저만치에서 신발을 고쳐 주는 신기료 장수가 두 아이에게 손짓을 했어요.

"다들 너희가 산삼을 구할 수 있을지 궁금해하고 있지. 장터에서는 무슨 소문이건 빨리 퍼진단다. 그래, 손에 든 건 무엇이냐?"

소화는 방물장수와 대장간 할아버지를 만난 이야기를 해 주었어요. 그러자 신기료 장수가 옆자리에서 가위, 손거울, 빗을 파는 연모 장수에게 말했어요.

"연모 영감! 조금씩 비켜서 이 꼬마들 자리 좀 만들어 줍시다."

그러자 연모 장수도 선뜻 엉덩이를 옆으로 옮기며 빈자리를 만들어 주었어요. 그렇게 소화와 모지는 신기료 장수와 연모 장수 사이에 끼어서 호미와 쟁기를 팔기 시작했지요.

목청 좋은 사람이 1등인 우리 장터

옛 장터에서는 목청 경쟁이 벌어졌어요. 좋은 자리를 차지하는 것도 경쟁이지만, 목청이 좋아야 사람들의 눈길을 끌 수 있었거든요. 한 예로 신기료 장수는 신발을 고친다는 뜻으로 "신 기우려오!" 하고 외치는 목청 때문에 '신기료 장수'라는 재밌는 이름이 붙기도 했어요. 이처럼 장터에 가면 수많은 장사꾼들이 각자 독특하고 재밌는 어투로 목청껏 자기 물건들을 소개했어요.

"이 장터에서 제일가는 대장간에서 나온 호미요! 소금 한 섬, 술 두 말도 좋고, 엽전도 받습니다!"

둘은 목청 높여 소리치며 덩실덩실 춤을 추었어요. 지나가던 사람들도 어린 두 장사꾼이 신기한지 한참 구경하고 갔지요.

그때 첫 손님이 찾아왔어요.

"좋은 낫이다. 날도 좋고 가벼우면서도 튼튼하구나."

첫 손님은 농부였어요. 오랫동안 농사를 지어 온 듯 구릿빛 얼굴이었지요.

"그럼요! 이 장터에서 최고 대장간 할아버지가 만드신 거예요!"

소화가 낫을 농부 아저씨에게 보여 주었고, 농부 아저씨는 선뜻 낫을 사 갔어요. 두 아이는 너무 기뻐서 다시 덩실덩실 춤을 추었답니다. 이제 정말로 산삼을 사고 깨진 옹기값을 벌 수 있겠다는 용기가 생겼거든요.

"허허, 어린 녀석들이 제법이구나."

옆자리의 신기료 장수와 연모 장수도 응원해 주었어요.

두 아이가 한창 다시 목청을 뽑고 있는데, 저만치에서 더 크고 시끌벅적한 소리가 들려왔어요. 궁금해진 모지와 소화도 목을 길게 빼고 웅성대는 쪽을 살펴보았지요.

그런데 다름 아닌 남사당패가 들어오고 있는 게 아니겠어요! 맨 앞에서는 모지와 소화 또래의 아이가 알록달록한 색동

장터를 활기차게 만들어 주는 남사당패

장터는 물건을 사고파는 곳이었지만 딱히 살 게 없어도 놀이를 즐기러 드나드는 곳이기도 했어요. 사람이 많아야 장사가 잘되었고, 또 여러 사람들이 모이다 보니 자연스레 놀이가 끼어든 것이지요. 우리 민족이 얼마나 놀이를 즐기는 민족이었는지 짐작할 수 있겠죠?
특히 장터에서 볼 만한 놀이는 남사당패 놀이였어요. 여러 명의 광대들이 북과 꽹과리, 날라리 같은 악기를 연주하면서 줄타기나 춤, 노래 같은 재주들을 보여 주었지요.

옷을 입고 춤을 추었고, 그 뒤로 탈을 쓴 광대들이 북과 꽹과리를 치며 신나게 흥을 돋웠어요. 사람들이 몰려들어 빙 둘러싸고 남사당패를 구경하기 시작했지요.

신기료 장수도 웃으면서 말했어요.

"또 한판 벌어지려나 보다."

"어험, 그렇지. 한바탕 놀아야 우리 장사도 잘 되지."

신기료 장수도 연모 장수도 한껏 고개를 빼고 놀이를 구경했어요. 모지도 엉덩이가 근질근질한지 소화에게 말했지요.

"소화야, 소화야. 내가 제일 좋아하는 놀이다. 나 잠시만 보고 오면 안 될까?"

소화는 고개를 도리도리 저었어요.

"잊었니? 할아버지가 이걸 다 팔아야 절반을 주신다고 하셨잖아."

하지만 모지가 너무 시무룩한 얼굴이라 소화는 문득 미안해졌어요. 사실 소화가 실수해서 옹기를 깨지만 않았어도 모지는 지금쯤 옹기를 팔고 마음껏 놀이를 볼 수 있었을 테니 말이에요.

결국 소화는 고개를 끄덕이고 말았어요.

"그럼 잠시만이야. 너무 늦으면 안 돼, 알았지?"

"우아! 고마워, 소화야!"

신이 난 모지는 "금방 올게!" 하고는 놀이판으로 달려갔어요. 소화의 귀에도 신나는 풍악 소리가 들려왔지요.

시간이 얼마나 흘렀을까요? 신기료 장수도 놀이를 구경하러 가고, 옆자리의 연모 장수 할아버지는 시끄러운 소리에도 꾸벅꾸벅 졸았어요. 다들 놀이를 구경하러 간 건지 손님도 없어서 소화도 슬슬 지루해지기 시작했어요.

그때 조금 떨어진 곳에서 남자 어른들이 모여 함성을 지르고 있었어요. 안타까운 한숨 소리와 신나는 함성이 함께 들리는 걸로 보아 커다란 천막 아래에서 무슨 내기가 벌어지고 있는 것 같았어요.

무슨 일일까 궁금해진 소화는 자기도 모르게 이끌려 천막 쪽으로 다가갔어요. 슬쩍 끼어서 살펴보니 어른들이 빙 둘러앉아 새와 벌레, 물고기, 동물 그림을 그린 두꺼운 종이를 뽑아서 놀이를 하고 있는 게 아니겠어요. 놀이하는 사람에게 훈수를 두는 어른들도 있었지요.

"좋은 끗수가 나왔구먼, 자네!"
"하하, 오늘 큰 건수 하나 건졌네!"

그 옆에서도 다른 놀이가 한창이었어요. 나무토막에 뼈를 붙여서 구멍을 뚫은 놀이 도구로 다섯 명의 어른들이 패를 맞추고 있었지요.

한 사람이 패를 내놓자 다른 한 사람이 얼른 패를 집어 들더니 "장원이요!" 하고 외쳤지요. 그 말에 사람들의 눈이 휘둥그레졌어요.

"어이쿠! 오늘은 김 서방이 다 쓸어 가네!"

우리 장터 놀이, 투전

투전은 장터에서 많이 하던 가장 인기 있는 놀이였어요. 손가락 너비 정도 되는 두꺼운 종이로 40장 혹은 60장의 패를 만들고, 여기에 사람이나 짐승, 벌레, 물고기 같은 그림을 그린 뒤 각각의 끗수를 적어요. 그런 다음 이렇게 만든 패를 하나씩 뽑아서 끗수를 맞춰 가는 놀이지요. 이 투전은 화투로 발전하기도 했어요.

소화는 눈과 귀가 번쩍 뜨였어요. 놀이판에서 쨍그랑쨍그랑 돌아가는 엽전들이 소화의 눈에 들어왔어요. 게다가 잔돈 몇 닢이 아니라 엽전 뭉치가 오가는 게 아니겠어요.

그걸 보자 소화는 자신도 모르게 할머니 생각이 났어요.

'저 뭉치 하나만 있으면 할머니 병을 낫게 해 드릴 수 있는데…….'

소화는 왠지 슬픈 생각에 빠져 멍하니 노름판 옆에 서 있었어요.

같은 시각, 풍악 소리에 걸음을 멈춘 또 한 사람이 있어요. 바로 개성상인 리정훈이에요.

리정훈은 벽서를 본 이후 두 아이를 찾아보기로 했어요. 그리고 이곳에서 두 아이가 장사를 하고 있다는 이야기를 듣고 찾아와 본 거예요. 한참 보니, 소화와 모지는 장사에 열심이었어요. 하지만 얼마 안 가 두 아이 모두 놀이에 금세 마음을 빼앗긴 것 같았지요.

리정훈은 생각했어요.

'허허, 녀석들. 장사를 하려면 항상 인내하고 참아야 하거늘.'

그때 누군가 리정훈을 발견하고는 "그 개성상인이 왔구먼!" 하고 외쳤어요. 사람들이 수군대기 시작하자 소화도 정신을 차리고 주변을 둘러보았지요.

저만치에서 보니, 뒷짐을 지고 탕건과 의복을 잘 차려입은 상인 한

우리 장터 놀이, 골패

골패 역시 투전과 비슷한 놀이였어요. 골패라는 이름은 패를 뼈로 만들었다고 해서 붙여진 이름이지요. 총 32개의 패를 두면서 노는 놀이로, 이 패를 사용해 꼬리붙이기, 골여시, 쩍쩍이 같은 재미있는 이름의 놀이들을 했답니다. 패는 여러 종류가 있었는데 뼈로만 만든 패는 '민패'라고 하고, 뒤쪽에 대나무 조각을 붙인 패는 '사모패'라고 했어요.

놀이도 지나치면 노름이 돼요

노름은 내기가 지나쳐 많은 금액이 오가면서 사람을 현혹시키는 걸 말해요. 또한 노름을 많이 하는 사람을 '노름꾼'이라고 하지요.
노름이 성행하면 큰돈에 눈이 멀어 농사꾼은 농사를 짓지 않고, 장사꾼은 장사에 소홀하게 돼요. 투전의 경우 조선 영조 때부터 성행하기 시작해 심각한 사회 문제가 되면서 단속의 대상이 되기도 했지요. 관에서 노름꾼을 잡으러 나오면, 노름꾼들은 몰래 숨어 다니면서 노름을 했어요.

사람이 서 있었어요. 키가 아주 커서 늠름해 보였지요.

그 모습을 보자 소화는 갑자기 가슴이 두근대기 시작했어요. 때마침 모지도 달려와서 소화에게 속삭였어요.

"소화야! 그 사람이야, 산삼 파는 개성상인!"

모지는 소화가 뭐라고 대답도 하기 전에 소화의 손을 끌었어요. 그러고는 당당하게 리정훈에게 다가가서 말했지요.

"어르신, 어르신께 사고 싶은 물건이 있습니다."

벽서 내용을 이미 알고 있는 모두가 맹랑한 꼬마들이라며 크게 웃고는 호기심 어린 눈길로 세 사람을 지켜보았어요. 하지만 리정훈은 꼭 어른을 대하듯이 두 아이에게 진지하게 물었지요.

"그래, 자네들. 산삼 살 돈을 준비했는가? 그렇다면 내 얼마든지 팔 용의가 있네만."

그 말에 소화는 조금은 자신 없게 리정훈을 바라보았어요.

"아직은요……. 하지만 곧……."

그때 리정훈이 소화의 말을 막으면서 단호한 얼굴로 말했어요.

"장사꾼이 이렇게 놀이판과 노름판에 정신을 놓고 있으면 돈을 벌기 어려운 법이니……. 장사는 믿음과 신용이란다. 나는 놀이판과 노름판을 좋아하는 상인들과는 거래하지 않느니라."

말을 마친 리정훈은 헛기침을 하고는 돌아섰지요. 그 말에 소화는 갑자기 눈물이 핑 돌았어요.

"어르신, 그런 게 아닌데……."

집에서 나온 뒤로 한 번도 울지 않았던 소화의 눈에 눈물이 가득 맺혔어요. 리정훈도 그걸 보았지만 안쓰러운 마음을 내색하지 않았어요. 두 아이는 앞으로 더 많은 경험과 시련을 거쳐야 좋은 장사꾼이 될 수 있을 거니까요.

리정훈은 실망한 얼굴의 모지와 눈물을 뚝뚝 흘리는 소화를 뒤로하고 성큼성큼 걸음을 옮겼어요.

옛 장터 둘러보기 장터 놀이

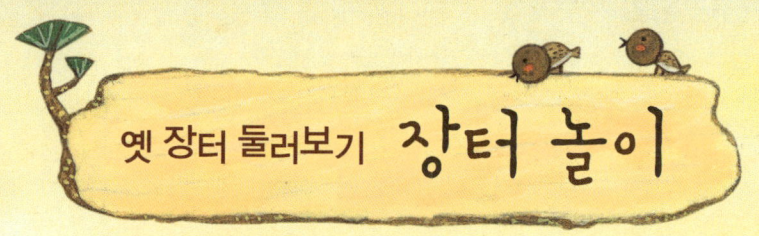

볼거리도 놀거리도 많은 우리 옛 장터!
장터에 구경꾼들을 끌어모으기 위해 펼치는 흥겨운 놀이판을 '난장'이라고 해요.

놀이패 연희

난장을 열면, 장터를 더 활발하게 만들고 많은 사람들을 불러 모으기 위해 놀이패들이 며칠 내내 놀이를 벌여요. 놀이패들에게 줄 삯은 근처에 사는 돈 많은 부자나 거상들이 지원해 주었지요.

보부상 놀이

장터의 꽃이라고 할 수 있는 보부상들이 집단적으로 펼쳐 보이는 놀이예요. 온갖 곳을 오가면서 들었던 재미있는 재담과 민요 등을 부르면서 보부상들의 삶을 친근하게 보여 주지요.

민속놀이

씨름이나 윷놀이는 명절 때만 하는 놀이가 아니었어요. 사람이 모인 곳에서는 어디서나 자연스럽게 펼쳐졌지요. 장터에서도 마찬가지로 신나는 씨름 대회와 윷놀이 등이 펼쳐졌어요.

구경꾼들

'못된 양반이 장에 가 호령한다'는 속담이 있어요. 그만큼 장터에서는 양반 평민 할 것 없이 체면을 차릴 필요가 없었답니다. 난장이 펼쳐지면 남녀노소 모두가 둘러서서 즐겁게 구경했어요.

> 거래와 흥정

사는 사람도 신나고
파는 사람도 신나!

"걱정 말거라. 마수걸이가 좋았으니 분명 다 팔 수 있을 게다."

신기료 장수가 리정훈에게 혼쭐 난 두 아이를 위로해 주었어요.

"마수걸이가 좋다는 게 무슨 뜻인데요?"

모지가 묻자 연모 영감이 곰방대를 뻐끔대며 답했지요.

"마수걸이란 그날의 첫 거래를 말한단다. 뭐든 시작이 중요하지 않더냐. 아까 그 농부가 값도 깎지 않고 선뜻 물건을 사 갔으니 오늘 장사는 잘될 게야."

말을 마친 연모 영감은 호미와 쟁기를 가만히 바라보더니 불쑥 천을 내밀었어요.

첫 거래가 좋으면 끝까지 좋아요

장터 상인들은 모두 첫 거래를 중요하게 여겼어요. 첫 거래가 술술 잘 풀리면 그날 하루 장사가 잘된다고 믿었지요. 이 첫 거래를 '마수걸이'라고 불렀어요.
만일 첫 손님이 왔는데 값을 깎거나 물건을 사지 않고 돌아가면 그날 하루의 장사가 힘들 거라고 보았어요. 반대로 배가 부른 임산부나 장례식을 치른 상주 같은 이들이 첫 손님이면 그날 하루 장사가 수월하게 흘러간다고 믿었지요.

"자, 한바탕 놀이 때문에 먼지가 잔뜩 꼈으니 잘 닦아 보도록 해라. 장사는 되내기가 중요한 법이지."

그러자 신기료 장수도 고개를 끄덕였어요.

"암, 그렇고말고. '이왕이면 다홍치마'라고 같은 호미와 낫도 잘생긴 놈이 더 잘 팔리는 법이니라."

정말이었어요. 열심히 닦아 먼지를 걷어 내니 햇살 아래서 연장들이 더 반짝거렸어요. 아니나 다를까, 얼마 안 가 소금을 등에 지고 팔러 다니는 소금 장수가 모지와 소화 앞으로 다가왔어요.

"어허, 좋은 물건이로고. 안 그래도 내 집사람이 호미를 하나 사다 달라고 부탁하였는데 소금으로 사도 되겠느냐?"

그 말에 모지가 고개를 끄덕였어요.

"그럼요, 덧두리도 할 수 있어요. 소금 두 섬에 호미 하나고요."

그 말에 소금 장수는 허허 웃었어요.

"허허, 어린 꼬마가 에낌을 알다니. 훌륭한 장사꾼이 되겠구나."

소금 장수의 칭찬에 모지는 싱긋 웃으며 머리를 긁적였지요.

"흠, 호미도 좋지만 낫도 좋아 보이는구나."

낫을 살까 말까 한참이나 고민하는 소금 장수에게 소화가 날이 예쁘게 갈린 낫을 내밀며 말했어요.

서로 필요한 물건을 바꾸는 덧두리와 에낌
장터에서는 엽전으로 물건을 사고팔기도 했지만 서로 필요한 물건을 바꾸기도 했어요. 물건을 바꿀 때 그 값을 쳐서 모자라는 금액을 지불하는 것을 '덧두리' 또는 '에낌'이라고 했어요.

"호미로 땅을 파려면 먼저 낫으로 풀을 베어야지요. 이 둘은 언제나 함께 다니는 한 쌍이랍니다."

"허허, 녀석! 말도 잘한다. 그럼 내가 떨이로 사면 조금 깎아 주겠느냐?"

그러자 소화는 고개를 저었어요.

"이 물건은 이 장터 최고의 대장장이 할아버지가 만드신 거예요. 그분이 온 정성과 마음으로 만드신 것이니 떨이 취급할 수가 없답니다. 다만 좋은 분이 좋은 물건을 알아보셨으니, 정히 그러시다면 조금은 깎아드릴게요."

소화의 언변에 모지는 입이 떡 벌어졌어요. 그 말을 들은 소금 장수는 기분이 아주 좋아 보였지요.

"옳거니, 제대로 된 물건에는 제대로 된 값을 치러야 하는 법. 대장간에서 샀다면 드림셈을 했을 것이나, 너희를 봐서 통거리 하련다."

소금 장수는 선뜻 지게에서 소금 포대를 내려 커다란 됫박으로 소금을 퍼 다른 포대에 담았어요. 반짝반짝 빛나는 흰 소금이 금방 수북이 쌓였지요.

그렇게 호미와 낫 값을 치르고 났을 때예요. 갑자기 생각난 듯 소금 장수가 문득 옆구리에서 작은 됫박 하나를 꺼내더니 선뜻 소금을 한 됫박 더 퍼서 담아 주었지요.

"덤이니라!"

돈을 지불하는 다양한 방법

인정 많고 넉넉한 우리 옛 장터에서는 주머니 사정에 따라 돈을 지불하는 방법도 달랐어요. 당장 돈이 부족해 여러 차례 나누어 지불하는 것은 '드림셈', 속 시원하게 한꺼번에 통째로 계산하는 것은 '통거리'라고 했지요.

소금 장수가 말했어요.

"허허, 덤을 주고도 기분 좋은 거래는 드문 일이니, 내 오늘 좋은 상인들을 만났네그려."

소금 장수는 소화가 내민 호미와 낫을 단단히 지게에 비끄러매고는 허허 웃으면서 떠났어요.

소금 장수가 사라지자 옆자리의 신기료 장수도 대견한 듯이 말했어요.

"벌써 두 쌍을 팔았으니 해 지기 전에 다 팔겠구나."

모지와 소화는 자기도 모르게 가슴을 쓸어내렸어요. 소금 장수가 덤까지 얹어서 주고 간 소금이 햇살 아래서 소복하게 반짝이고 있었지요.

개성상인 리정훈은 고을의 대감 댁에 왔어요. 여러 양반네가 모여 리정훈의 산삼을 구경하기로 했거든요.

이날 리정훈이 내놓은 것은 중국에서 가져온 산삼 다섯 뿌리예요. 리정훈이 비단 천으로 싼 산삼을 펼쳐 들자 다들 시끌벅적해졌어요.

손해를 봐도 즐거운 떨이와 덤

우리 옛 장터 상인들은 정해진 물건에 정해진 돈만 따박따박 주고받으면 왠지 정 없다고 생각했나 봐요. 팔다 남은 물건들을 싸고 푸짐하게 넘겨주는 '떨이'가 있는가 하면, 기분 좋게 장사를 했을 때 물건을 조금 더 얹어 주는 '덤'이라는 것도 있었지요. 덤과 떨이는 지금의 시장에도 많이 남아 있는 전통이에요.

"거참 좋은 물건이외다."

"오호, 생긴 모양이 꼭 사람 형체를 똑 닮은 게 신기허구먼."

리정훈은 주변을 둘러본 다음 공손하게 말했지요.

"산삼은 다섯 뿌리가 전부인데, 사려는 어르신들은 여덟 명이 넘으니 공박에 들어가겠습니다."

"암, 그래야 하고말고."

그 말에 다들 고개를 끄덕였어요. 물건은 한정되어 있는데 사려는 이가 많으면 당연히 공박으로 물건 주인이 결정되거든요.

"내 한 뿌리에 엽전 백 냥 내놓으리다."

이웃 마을의 최 참판이 선뜻 공박을 시작했어요.

"어허, 그렇다면 나는 백스물다섯 냥을 불러야겠구먼."

그러자 그 다음 사람은 백오십 냥을 불렀지요.

얼마나 시간이 흘렀을까요. 기나긴 공박 끝에 산삼은 한 뿌리 가격이 오백 냥으로 훌쩍 뛰었어요. 산삼 한 뿌리에 정말로 큰돈이 오가게 된 거지요.

"어허, 자네 오늘 남는 장사했구먼! 축하하네."

"역시 리정훈의 물건은 최고군!"

양반들이 리정훈을 축하해 주었어요. 매달 좋은 물건을 가져오는 리정훈은 항상 큰 이문을 남기며 장사를 했지요.

"나는 한 뿌리를 사겠네."

"나도 한 뿌리를 사지."

"나도 가격이 비싸니 한 뿌리만 가져갈 생각이네."

이렇게 순식간에 네 뿌리가 팔렸어요. 마지막으로 이 대감이 남은 한 뿌리의 산삼을 가져가려고 할 때였어요. 리정훈의 마음에 간절한 소화의 눈빛이 떠올랐어요.

"죄송합니다. 이 마지막 산삼은 팔지 않겠습니다."

그 말에 이 대감은 놀란 눈빛이었어요.

"어허, 대체 무슨 일이오. 이리 값을 잘 쳐주는데."

리정훈은 사과의 뜻으로 양반들에게 큰절을 한 뒤 말했어요.

"송구하옵니다만, 어르신들. 이 산삼으로 반드시 살려야 할 목숨이 있사옵니다."

그 말에 이 대감은 어쩔 수 없다는 듯이 수염을 쓰다듬었어요.

"자네가 그렇게까지 말하니, 내 다음 기회를 기다리도록 하지."

기분 좋게 거래를 끝낸 양반들이 하나둘 집으로 돌아갔고, 리정훈은 마지막 산삼을 소중하게 품에 넣었어요. 그러고는 돈을 챙겨 자리에서 일어났지요.

누가 누가 주인이 될까?

물건은 적은데 사려는 사람이 많을 때는 자연스레 물건값이 높아지겠지요? 물건을 원하는 여러 사람 중 가장 비싼 값을 부른 이가 물건을 차지하는 방식을 '경매'라고 해요. 우리나라에서는 조선 시대 갑오개혁 이후에 '공박'이라는 이름으로 경매 방식이 시작되었지요. 돌아가면서 자기가 원하는 값을 부르면 나중에 가장 비싼 가격을 부른 사람이 물건을 사 가게 돼요.

옛 장터 둘러보기 거래와 흥정

물건을 사고파는 거래에는 반드시 흥정이 뒤따랐어요.
물건값은 정해져 있지만 덤이나 떨이 등 다양한 방법으로 거래했지요.
사는 사람도 즐겁고, 파는 사람도 만족스러웠답니다!

소금 장수의 덤 됫박

손님들이 살 때 으레 덤을 기대하는 물건이 바로 소금 같은 물건이었어요. 소금은 귀한 식재료이긴 하지만 가루 형태라 양이 딱딱 정해져 있지 않아요. 그래서 소금 장수들은 손님의 기분을 좋게 해 주려고 덤을 주는 작은 됫박을 따로 가지고 다녔어요.

상인들의 엄대

물건을 사는 사람이 상인과 신용을 쌓아 온 경우라면 지금 당장 돈이 없어도 외상으로 물건을 살 수 있었어요. 외상이란 물건값을 나중에 갚는 경우를 말하지요. 이럴 때 상인들은 '엄대'라는 기구의 눈금으로 외상값을 기록했어요.

상투 잡기

넉넉한 서비스는 물건을 파는 쪽에서만 해 주는 게 아니었어요. 사는 사람도 물건이 좋으면 기분 좋게 비싼 가격을 치르고 가져갔지요. '상투 잡았다'는 용어는 물건을 비싸게 샀다는 의미이지만, 살 당시에는 그만큼 그 물건의 가치가 높았다는 뜻이지요. 반대로는 남은 물건을 싸게 파는 '떨이'가 있었답니다.

대봉

내가 산 물건을 치를 충분한 돈이 없을 때 다른 물건으로 대신 채워 주는 것을 말해요. 일종의 물물교환과 비슷하지요. 닭 한 마리를 샀는데 돈이 부족할 때 달걀 몇 알을 함께 넘겨 주는 것과 비슷한 셈법이에요.

> 장터 음식

냠냠, 맛있는 장터 음식들

늦은 오후가 되자 소화와 모지는 목도 쉬고 피곤했어요. 초여름이라 그런지 둘의 모시옷도 땀으로 흠뻑 젖었지요. 아까 소화가 싸 온 주먹밥을 나누어 먹었지만, 둘의 배에서는 꼬르륵 소리가 연신 났어요.

모지가 힘없이 말했어요.

"휴, 힘들어 쓰러지겠네."

소화가 모지의 옆구리를 콕 찔렀어요.

"그럼 매일같이 장사하시는 분들은 어떻겠니? 게다가 우리는 오늘 물건도 다 팔았잖아."

소화와 모지는 놀랍게도 해가 다 지기도 전에 호미 다섯 자루와 낫 다섯 자루를 모두 팔았어요. 장사를 잘 해냈다고 생각하니 모지는 금방 기분이 좋아졌어요.

하지만 배가 고픈 건 어쩔 수 없나 봐요. 주변을 둘러보니 많은 사람들이 곳곳에서 요기를 하고 있었어요.

그때 어디선가 구수한 냄새가 풍겨 왔어요. 아까부터 계속해서 사람들이 들락대던 간이 음식점이에요. 몇 개의 긴 의자와 반상이 놓여 있고, 주변에는 얼기설기 싸리로 만든 발을 쳐 놓았지요. 안에서

요깃거리 하나에 힘이 불끈!

우리나라는 전통적으로 농사를 지어 왔어요. 농사일을 할 때 빼놓을 수 없는 것이 간식 '새참'이에요. 맛난 음식들을 먹으면서 피로와 허기를 달래며 다시 힘을 내는 거지요.
이렇게 농사꾼들이 새참을 먹을 때, 장터의 상인들은 장터 음식으로 출출한 배를 채웠어요. 좌판을 떠날 수 없는 상인들은 음식을 사서 좌판 옆에 앉아서 먹었지요.

는 사람들이 앉아서 시끌벅적하게 후룩후룩 국수를 먹고 있었어요. 모지는 꿀꺽 침을 삼켰지요. 아까는 장사하느라 배고픈 줄도 몰랐는데 이제는 배에서 풍악이 울리는 것 같았어요.

　두 아이는 좌판을 걷고 자리에서 일어나 대장간으로 돌아갈 준비를 하다가 결국 쿵쿵대며 멈춰 서고 말았답니다.

　"조금만 참아. 우선 할아버지께 물건 판 걸 가져다드려야지."

　소화가 모지의 손을 끌었어요. 하지만 모지는 망부석이었지요.

　"기운 없어서 소금 포대를 못 지겠어. 한 그릇만 사 먹으면 안 돼?"

장터 사람들이 좋아하던 음식, 국수

우리나라와 일본, 중국 같은 동양에서는 오래 전부터 면으로 만든 음식을 많이 먹었어요. 그중에 대표적인 음식이 국수지요.

국수는 잔칫날에도 흔히 먹지만 장터에서도 아주 인기 있는 음식이었어요. 만들기 간편하고 값도 싸고 배도 든든하거든요. 우리 옛 장터 구석구석에는 싸리로 만든 울타리를 빙 둘러놓고 여는 간이 국수집이 많았어요. 이곳은 밥 때는 물론이고, 요기를 찾는 손님들로 종일 북적거렸지요.

소화는 무거운 소금 포대를 지고 걸어야 하는 모지가 안쓰러웠어요. 하지만 옹기값과 산삼값을 모두 해결하려면 한 푼이라도 아껴야 했어요.

그때 소화의 눈길을 사로잡는 게 있었어요. 두 청년이 커다란 판을 목에 매고 무언가를 팔고 있었어요. 그 주변에는 간식을 찾는 아이들이 옹기종기 모여 있었고요.

소화가 다가가 보니 한 사람은 커다란 가위를 쟁강대며 "엿 사세요!" 소리치고 있고, 한 사람은 "기름에 튀긴 고소한 꽈배기 드시오!" 소리치고 있지 뭐예요.

소화는 엿도 꽈배기도 좋아해서 고민했어요. 하지만 꽈배기가 엿보다 좀 더 배부르겠다 싶었지요. 소화가 모지의 손을 끌고 꽈배기 장수에게로 다가갔어요.

"아저씨, 꽈배기 하나 얼마예요?"

"하나 사면 엽전 하나, 세 개를 사면 엽전 둘이다."

소화는 옷 춤에 감추어 둔 돈 꾸러미에 손을 넣고 잘그락잘그락 동전들을 만져 보았어요. 소화는 결국 엽전 하나를 꺼내서 꽈배기 장수에게 내밀었어요.

"그럼 하나만 주세요."

그러자 모지가 소화의 옷 춤을 잡아끌었어요.

"너는? 너도 배고프잖아."

"난 괜찮아. 아까 먹은 게 아직도 소화가 안 됐는걸."

둘을 가만히 살펴보던 꽈배기 장수는 눈을 끔뻑하더니 벙그레 웃었어요.

"에이, 기분이다! 어차피 날도 저물 것이니 떨이로 두 개!"

소화의 눈에 반가운 기색이 어렸어요. 소화도 배가 고픈 건 마찬가지였거든요.

소화와 모지는 꽈배기 두 개를 게 눈 감추듯 해치웠어요. 꽈배기 장수는 그런 둘을 보며 말했어요.

시원한 동동주로 고된 하루를 달래요

장터에서 물건을 파는 일은 보기에는 쉬워도 무거운 짐을 지고 오랴, 손님 기다리랴, 물건값을 흥정하랴 보통 힘든 일이 아니지요. 이럴 때 장터 상인들은 시원한 동동주 한 잔에 부침개를 먹으면서 힘을 북돋웠어요. 요즘도 재래시장에 가면 동동주와 부침개 파는 집들이 많이 남아 있지요.

"어허, 체할라. 천천히 먹거라. 장터는 먹는 재미를 빼면 그 즐거움이 절반이니, 잘 먹는 것도 중요하거늘. 우리처럼 요깃거리 파는 상인들이 없으면 이 장터 사람들 입이 얼마나 심심하겠느냐?"

"맛있는 음식이 이거 말고 또 있어요?"

소화의 물음에 청년이 고개를 끄덕이더니 설명해 주었어요.

"어험, 당연하지. 장터와 먹거리는 떼어 놓을 수 없는 관계니라. 어른들이 동동주와 막걸리, 부침개와 국수를 먹을 때 아이들은 엿과 꽈배기로 배

장터 음식의 꽃, 국밥

국밥은 《조선왕조실록》에도 등장하는 유명한 음식이에요. '서민들이 고된 노동을 끝내고 즐겨 찾는 음식'이라고 기록되어 있거든요.
다만 고기가 들어간 국밥은 아주 귀해서 혼례나 장례식, 마을 큰 잔치 때나 먹었고, 보통은 돼지 뼈 등으로 국물을 내고 야채를 많이 넣은 국밥을 먹었어요. 장터에도 다양한 국밥들이 많았답니다. 아직도 '장터국밥'이라는 이름이 남아 있을 정도로요.

를 채우니, 인심 넉넉한 장터에서는 귀한 음식들을 싸게 파느니라."

소화와 모지는 꽈배기 장수가 말한 온갖 먹을거리들을 머릿속으로 상상해 보았어요. 그것만으로도 벌써 배가 부른 기분이었지요.

하지만 소화의 머릿속에는 또 다른 음식이 떠올랐어요. 소화가 지금 이 순간 가장 먹고 싶은 건 할머니가 해 주신 국밥이었어요. 사실 아까도 어디선가 국밥을 본 것 같은데, 너무 바빠서 그냥 지나치고 말았어요. 아주 맛있어 보였는데 말이에요.

문득 할머니 생각이 떠오르자 소화는 어서 할머니를 낫게 해 드리고 평생 잘 모시고 싶다는 마음이 들었어요. 그런데 한편으로는 다른 생각도 들었어요. 빨리 어른이 돼서 다른 장터에도 가 보고 싶다는 생각이요. 대체 장터에는 얼마나 무궁무진한 비밀들이 숨겨져 있을까 궁금했어요.

허기를 면한 모지와 소화는 서둘러 대장간으로 돌아왔어요. 이미 해가 뉘엿뉘엿 지고 있었지요.

"그래, 고생들 했겠구나."

할아버지는 반갑고 대견한 얼굴로 둘의 머리를 쓸어 주었어요.

"어이쿠, 소금 한 섬을 지고 왔으니 장정이 다 되었구나."

할아버지의 칭찬에 모지도 뿌듯한 웃음을 지었지요. 이어서 소화가 한 푼이라도 잃어버릴세라 소중히 간직했던 돈 꾸러미를 할아버지에게 내밀었어요. 할아버지는 그 돈을 정확히 절반으로 나누고는 소화의 손에 쥐여 주었어요.

"자, 약속한 대로 절반이다."

돈을 손에 쥐는 순간, 소화는 갑자기 눈물이 핑 돌았어요. 이상하게도요. 할머니 얼굴도 떠오르고, 오늘 장터에 와서 있었던 일들이 주마등처럼 머릿속을 스쳐갔어요.

눈물이 글썽해진 소화를 바라보던 할아버지가 다 알고 있다는 듯이 소화의 머리를 쓸어 주며 말했어요.

"아가, 그래. 얼마나 고생이 많았니."

"아니에요, 할아버지. 힘들지만 재밌는 하루였는걸요."

소화가 답하자 모지도 고개를 끄덕였어요.

"네! 장사라는 게 뭔지 조금은 알 것 같아요."

그 말에 할아버지는 모지와 소화의 손을 잡아 주었어요.

"그래, 배가 고프겠구나. 어서 객줏집에 가서 따끈한 국밥 한 그릇씩 먹자꾸나. 먹으면 곧 힘이 날 게다."

그 말을 듣고 소화는 갑자기 기분이 좋아졌어요. 할아버지는 소화가 국밥을 먹고 싶어 한다는 걸 어떻게 아셨을까요?

소화는 눈물을 닦고는 다시 환하게 웃었어요.

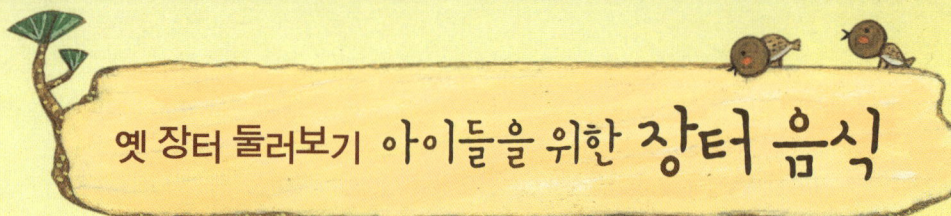
옛 장터 둘러보기 아이들을 위한 장터 음식

옛 장터에는 어른들을 위한 음식뿐만 아니라 아이들을 위한 음식도 있었어요.
꿀떡 넘어가는 맛난 떡, 배배 꼬인 달콤한 꽈배기!
장터 요기를 어른들만 하라는 법 있나요?

떡

우리나라 대표 간식 중에 하나인 떡은 어른들에게도 맛난 음식이지만 아이들의 간식으로도 딱이었지요. 우리의 오랜 전통이 담긴 떡은 관혼상제 같은 의식 때는 물론, 명절과 생일잔치 등에도 빠지지 않았어요. 곡식으로 가루를 낸 다음 살짝 찌거나 익혀서 동글동글 또는 길쭉길쭉 모양을 빚어서 먹지요. 찹쌀이나 멥쌀이 많이 쓰이는데, 겉에 묻히는 고물에 따라 맛이 달라져요. 예를 들어 팥고물을 묻히면 팥떡, 콩가루를 묻히면 인절미가 되지요. 이외에도 감자로 빚은 감자떡도 있고, 보리로 만든 보리떡, 밀로 만든 밀떡도 있는데, 장터에 가면 다양한 떡들을 맛볼 수 있었어요.

꽈배기

장터가 발달하면서 생겨난 음식 중에 하나예요. 밀가루 반죽을 길쭉하게 뽑아 두 겹으로 꼰 뒤 기름에 튀겨서 만들어 내지요. 따끈따끈할 때 설탕을 도르르 묻혀 주면 달콤하고 고소한 꽈배기가 돼요. 이것을 네모난 목판에 쌓아 놓고 판을 끈으로 목에 걸어 이동하면서 팔았어요.

엿

딱딱하지만 계속 먹게 되는 감칠맛 풍부한 엿도 장터에서 인기 있는 음식이었어요. 엿은 밥에 엿기름을 넣고 삭힌 식혜 물을 가마솥에서 끓여 만들어요. 적당히 끓이면 수분이 적게 날아가 물엿이 되고 좀 더 끓이면 조청이 되는데, 가장 오래 끓여서 딱딱해진 것을 '갱엿'이라고 해요. 이 갱엿을 따끈할 때 나무 말뚝에 걸어 많이 잡아당기면 사이사이 공기가 들어가 흰색으로 변하지요. 찹쌀, 옥수수, 조, 멥쌀, 고구마 같은 곡식으로 많이 만들었어요.

조선시대 객주
하룻밤 쉬면 다시 기운이 펄펄

"이보게, 여기 국밥 한 그릇씩 말아 주게."

객줏집은 장사를 끝낸 상인들로 시끌벅적했어요. 할아버지는 대장간을 비울 수 없다며, 객주에게 몇 번이나 두 아이를 부탁하고 돌아갔어요.

언젠가 소화도 할머니와 먼 이웃 동네로 갈 때, 과객들이 하룻밤 쉬어 가는 주막이라는 곳에 머무른 적이 있었어요. 그곳에서는 밥도 팔고 술도 팔고 잠자리도 제공했지요.

그런데 이곳은 주막과 비슷하면서도 훨씬 크고, 창고마다 물건들이 가득 쌓여 있었어요.

"저기 물건들은 뭐야?"

객주와 여각

조선 시대에는 장터마다 유명한 객주들이 있었어요. 객주란 장터의 중심에 자리 잡고 상인들의 장사가 원활할 수 있도록 도와주는 전문적인 상인을 말해요. 객주들은 오랜 신용을 통해 자신의 집에 상인들의 물품을 보관해 주기도 하고, 물품을 거래할 때 다리를 놓아 주기도 했어요.
객줏집 외에도 포구나 다른 상업 중심지에서 비슷한 일을 하는 여각도 있었어요. 여각은 객줏집보다 조금 더 규모가 컸고, 모든 물품을 다루는 객줏집과 달리 소금이나 해산물 등을 주로 다루었어요.

소화가 손끝으로 가리킨 창고에는 면포며 곡식은 물론 유기그릇, 건어물 등등 다양한 물건들이 가득 쌓여 있었어요. 모지는 한껏 알은체하며 말했지요.

"이곳은 그냥 주막이 아니야. 오일장 내내 상인들이 쉬어 가는 객줏집이거든. 나는 아버지를 따라서 여러 번 와 보았지."

그때 아이들 옆자리에서 동동주를 마시던 상인 둘이 말했지요.

"게다가 이곳에서는 직접 거래가 이루어지기도 한단다. 물건을 생산하는 사람들이나 큰 상인들이 이곳에 물건을 맡기면, 그걸 행상들에게 또다시 나누어 주어서 팔도록 하는 거지. 이 장터에서 팔리는 물건들 중에 많은 수가 이 객주를 통과해서 퍼져 나가니, 장터의 중심지라 해도 과언이 아니지."

"비단 그뿐이겠소. 객주가 없으면 우리 같은 행상들은 기댈 곳이 없지."

"암, 그렇고말고. 돈이 없을 때는 돈도 빌려주고, 공짜로 창고도 빌려주니, 장사꾼들에게 객주는 부모 같은 사람이지. 그렇지 않소, 주인장?"

그 말에 저만치 서 있던 객주가 소화와 모지에게 다가왔어요.

"그래, 우리 꼬마 손님들은 무엇이 필요해서 여길 왔는고?"

그 말에 상인 하나가 혀를 차며 객주에게 말했어요.

"얼굴들을 보니 열흘 굶은 병아리 같구려. 이 아이들, 밥이나 먼저 주오."

그 말에 객주가 뒷짐을 지고는 고개를 끄덕였어요.

"이미 준비하라고 일렀소. 내 보부상들과 인연을 쌓은 지 30년이 넘는 객주 주인이거늘 어찌 장날 장사꾼 배고픔을 모르겠소."

곧이어 작은 소반이 나오자 소화와 모지의 얼굴에도 화색이 돌았어요. 따뜻한 국밥이 뚝배기에 담겨서 보글보글 끓고 있었거든요. 게다가 그 옆에는 맛깔나게 담근 깍두기도 수북하게 놓여 있었고요.

"많이들 먹어라. 오늘 너희들이 크게 고생했다는 이야기를 다 들었느니라."

상인들의 친구이자 후견인인 객주

객주는 그저 물건을 보관해 주고 다리만 놓아 주는 사람이 아니에요. 상인들이 돈이 부족할 때는 물건을 살 수 있는 자금을 빌려주기도 하고, 먼 길에 지친 상인들에게는 하룻밤 편히 머무를 수 있는 장소를 제공해 주기도 했지요.

그래서 객주는 상인들에게 큰 도움이 되는 장소이자 중요한 정보 교환 장소이기도 했어요. 특히 떠돌이 상인들은 객주를 중심으로 움직였고, 신용 깊은 객주와는 여러 대를 이어서 관계를 유지하기도 했답니다. 말 그대로 객주는 상인들의 중요한 친구이자 후견인이었어요.

바람처럼 떠도는 보부상들

주로 값나가는 작은 물건을 지고 다니던 보상들은 가정을 이룬 경우가 많았지만, 값싸고 부피 큰 물건들을 팔던 부상들은 혼인을 하지 못하거나 행여 가족이 있어도 집이 없어서 아내와 아이들까지 함께 움직이는 경우가 많았어요. 가족이 있어도 멀리 떨어져 장사를 해야 하는 보상들이나 가족이 없거나 있어도 고단한 길을 함께 가야 하는 부상 모두에게 객줏집은 제 2의 집과 같았지요.

소화는 고맙기도 하고 벅차기도 했어요. 오늘 장사를 해 보면서 소화는 한 가지 사실을 깨달았지요. 장터는 물건만 사고파는 곳이 아니라 사람 냄새가 물씬 풍기는 곳이라는 걸요.

그리고 소화는 한 가지 사실을 더 깨달았어요. 오늘 자신이 번 돈은 소중하긴 하지만, 산삼을 살 만큼은 되지 않는다는 걸요.

소화의 마음을 눈치챈 객주가 자리에서 일어나 부채를 폈어요.

"내 오래전에 저기 개성 객주로 있을 적에 한 상인과 가까이 지내지 않았던가?"

객주가 이야기를 시작하자 상인들도 숨죽이며 이야기에 귀를 기울였어요. 이곳의 객주는 경험 많고 마음 넉넉하기로 소문난 이였어요. 게다가 여러 곳에서 객주 일을 한 덕에 재밌는 이야깃거리를 많이 가지고 있었지요.

"바다가 넘실대는 그곳에서 오래전부터 장사를 하던 더벅머리 청년이 있었지. 또 나는 그이의 성실함과 진실함에 마음이 가서 한동안 도와준 적이 있었고."

"아암, 그렇고말고."

이미 여러 번 들은 이야기인지 사람들이 장단을 맞췄어요. 객주는 흰 수염을 쓰다듬고는 다시 말을 이었어요.

"그이는 돈보다 신용을 중요시하고 무슨 일에서든 열심이라, 나중에 세월이 흘러 거상이 되었는데."

"그렇지!"

사람들이 또 장단을 맞추었어요. 객주가 이번에는 소화와 모지를 바라보며 속삭였어요.

"그 거상이 오늘 이곳을 찾아왔단다."

그때 기다렸다는 듯이 마루 위 방문이 스르륵 열렸어요. 방 안에서 흐뭇한 얼굴 하나가 소화를 향해 웃고 있었지요. 놀랍게도 개성상인 리정훈이었어요.

리정훈이 큰 목소리로 물었어요.

"그래, 노름판을 기웃대던 꼬마 상인 둘을 보았는고?"

"으흠, 나는 보았지!"

"나도 보았소이다!"

장사꾼들이 즐겁게 장단을 맞춰 소화와 모지를 놀렸어요. '자라 보고 놀란 가슴 솥뚜껑 보고도 놀란다'고 하던가요? 아까 장터에서 크게 꾸지람을 들은 소화와 모지는 서둘러서 손을 내저었어요.

"어르신, 아니에요! 노름판이 좋아서 그런 게 아니라……."

두 아이의 당황한 얼굴에 다들 웃음을 터뜨렸지요. 리정훈도 미소를 지으며 고개를 끄덕였어요.

"내 오늘 너희들의 일거수일투족을 전해 들었으니 더는 긴 말이 필요 없을 것 같구나. 훌륭한 장사꾼이란 상대에게 가장 필요한 물건을 시기적절하게 넘겨주는 사람 아니겠느냐."

리정훈은 품 안에서 비단 천으로 싼 길쭉한 물건을 꺼냈어요. 잠시 후 그것을 펼쳐 보이는 순간 모든 사람들의 눈이 둥그레졌지요. 거기에는 잘생긴 산삼 한 뿌리가 곱게 싸여 있었어요.

리정훈이 진지한 얼굴로 소화와 모지를 바라보았어요.

"자, 이제 거래를 하자꾸나. 나는 이걸 줄 터이니 너희는 내게 무엇을 주겠느냐?"

소화는 작은 돈 꾸러미를 만지작거리다가 말했어요.

"이 은혜는 꼭 갚겠습니다, 어르신. 하지만 우선은……."

객주 마당에 잠시 침묵이 흘렀지요. 소화는 조금 두렵기도 하고 부끄럽기도 했지만 주먹을 꼭 쥐고 말했어요.

"꼭 훌륭한 상인이 되어서 이 은혜를 갚겠다는 약속과 마음을 드릴게요."

"저도요, 저도요!"

모지도 신이 나서 크게 외쳤어요. 그 말에 마당을 가득 메운 상인들도 고개를 끄덕였지요.

리정훈은 한참이나 조용했어요. 소화는 혹시나 리정훈이 마음을 거둘까 걱정되었지요.

그런데 리정훈은 객주를 바라보며 말했어요.

"객주 어르신, 여기 술상 좀 봐 주시오. 내 성애술을 한잔 해야겠소만."

그 말에 객주가 기다렸다는 듯이 부엌을 향해 외쳤지요.

"식혜 두 잔과 좋은 술 한 잔 내오거라!"

술상이 도착하자 리정훈은 소화에게 비단으로 싼 산삼을 건넸어요.

"자, 지금부터 이것은 네 것이다. 이걸로 할머니 병을 꼭 낫게 해 드려라. 지성이면 감천이니 반드시 하늘이 너를 도울 것이다."

소화는 떨리는 손으로 산삼을 받아들었어요. 그리고 리정훈은 두 아이의 앞에 식혜를 건네주었지요.

"내 장사꾼 노릇 30년에 가장 훌륭한 거래를 하였으니 나와 한 잔 하자꾸나. 이 성애술은 거래가 가장 만족스러울 때 먹는

좋은 거래 끝에는 시원하게 한 잔!
수많은 거래가 오가는 장터에서도 특히 기분 좋은 거래가 있지요. 큰돈이 오가는 덩치 큰 상품이 서로에게 만족스럽게 거래가 되면 판 사람이나 산 사람 쪽에서 술대접을 하기도 했어요. 이것을 '성애'라고 하고, 이때 기울이는 술잔을 '성애술'이라고 했지요.

술이니라."

소화와 모지가 막 식혜를 마시려 할 때였어요. 갑자기 바쁜 발자국 소리가 나더니 상인 한 사람이 헐레벌떡 객줏집으로 들어왔지요. 그를 본 사람들은 깜짝 놀라 소리쳤어요.

"어허, 저이는 경강상인 최 씨가 아닌가!"

그때 또 한 번 놀라운 일이 일어났어요. 모지가 자리에서 일어나 "아부지!" 하고 외친 거예요.

경강상인 최 씨가 달려와 모지를 덥석 껴안았지요.

"이 녀석아! 옹기가 깨졌으면 재빨리 돌아오지 않고선! 네 녀석 소식을 듣고 걱정이 돼서 한달음에 달려왔느니!"

그 말을 들은 모지는 왠지 뭉클하고 눈물이 났지만 꾹 참았어요. 소화가 옆에서 보고 있는데 여기서 울면 너무 창피할 것 같았거든요. 하지만 입술을 삐죽대며 울음을 참던 모지는 결국 목놓아 울면서 아버지의 품으로 뛰어들었지요.

"아부지, 옹기 깨뜨려서 죄송해요!"

"허허, 덩치만 컸지 어린애구먼."

그 모습을 바라보던 사람들이 껄껄 웃었어요. 곧이어 객줏집은 다시 시끌벅적해졌어요.

이렇게 해서 소화는 할머니 병을 낫게 할 산삼을 얻었어요. 리정훈은 인생에서 가장 훌륭한 거래를 했고요. 모지는 아버지에게 옹기 깬 것을 용서받았어요. 객주도 상인들도 간만의 흐뭇한 풍경에 그날 하루의 고단함을 잊었어요.

그렇게 장터 한켠에서, 모두에게 행복한 밤이 저물어 갔어요.

옛 장터 둘러보기 　조선 시대 객주들

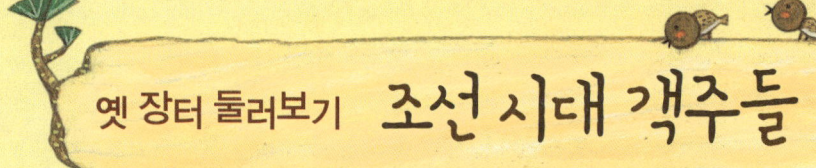

우리 옛 장터의 터줏대감이라고 할 수 있는 객주들은 상인 못지않게 중요한 역할을 담당했어요. 객주들은 상대하는 상인이나 다루는 물품, 하는 일에 따라 여러 종류가 있었대요.

물산 객주

보통 객주들은 대부분 물산 객주예요. 물건을 잘 팔 수 있도록 거래를 도와주는 건 물론, 상인들에게 잠자리와 먹을 것도 제공해 주었지요. 뿐만 아니라 돈과 창고를 빌려주고 물건을 날라 주면서 장터가 잘 돌아가도록 도왔어요.

만상 객주

중국과 조선을 오가며 물건을 사고파는 상인들을 담당했던 객주들이에요. 조선 시대에 중국과 거래하려면 의주만을 통과해야 했는데, 만상 객주들은 이 의주만에 둥지를 틀고 활동했어요. 참, 만상 객주는 중국 상인들만 상대했대요.

보상 객주

객주들 중에서도 봇짐장수인 보상, 등짐장수인 부상들과 주로 함께 했던 객주들을 뜻해요. 이들은 내륙에 거처를 정하고 활동했지요.

환전 객주
환전 객주는 객주들 중에서도 부자예요. 상인들에게 돈을 빌려주거나 상인들이 돈을 잘 빌릴 수 있도록 주선해 주기도 하면서 장터의 금융업을 담당했거든요. 그래서 환전 객주는 현금을 가장 많이 가지고 있는 부자들이 많았대요.

청과 객주
과일이나 야채 같은 청과물만 담당했던 객주예요.

곡물 객주
쌀, 보리 같은 곡물만 담당하는 객주도 있었지요.

수산물 객주
해초나 생선 같은 수산물만 담당했어요.

약재 객주
병을 고쳐 주는 약재만 다뤘던 객주들이에요.

무시 객주
조리·바가지·솥 같은 가정용품만 취급하는 객주지요.

 한눈에 펼쳐 보는 전통문화 옛 장터

조선 시대 3대 시장

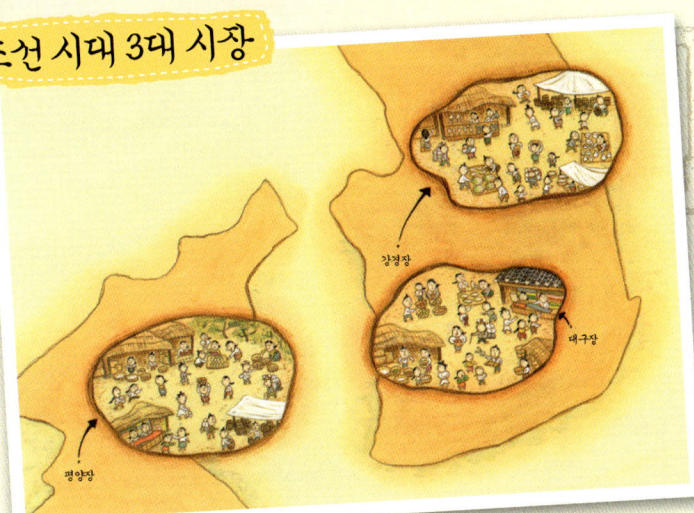

장터 중에도 최고 장터였던 대구장과 평양장, 그리고 강경장은 많은 사람들에게 사랑받았어요. 조선 시대에는 장터가 발달해 수많은 장터들이 있었지만, 그중에서도 이 세 곳은 가장 큰 장터로 '조선 시대 3대 시장'이라 불렸지요.

상인의 종류

조선 시대에는 나는 새도 떨어뜨린다는 유명한 지역 상인들이 있었지요. 각 지역의 위치나 특색에 따라 다루는 물품이나 장사 방법이 달랐어요. 누가 누가 최고인지 함께 살펴보아요.

아이들을 위한 장터 음식

옛 장터에는 어른들을 위한 음식뿐만 아니라 아이들을 위한 음식도 있었어요. 꿀떡 넘어가는 맛난 떡, 배배 꼬인 달콤한 꽈배기! 장터 요기를 어른들만 하라는 법 있나요?

조선 시대 객주

우리 옛 장터의 터줏대감이라고 할 수 있는 객주들은 상인 못지않게 중요한 역할을 담당했어요. 객주들은 상대하는 상인이나 다루는 물품, 하는 일에 따라 여러 종류가 있었대요.

한눈에 펼쳐 보는 전통문화 옛 장터

장터 놀이

볼거리도 놀거리도 많은 우리 옛 장터!
장터에 구경꾼들을 끌어모으기 위해 펼치는 흥거운 놀이판을 '난장'이라고 해요.

거래와 흥정

물건을 사고파는 거래에는 반드시 흥정이 뒤따랐어요.
물건값은 정해져 있지만 덤이나 떨이 등 다양한 방법으로 거래했지요.
사는 사람도 즐겁고, 파는 사람도 만족스러웠답니다!

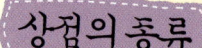
상점의 종류

장터에는 없는 물건이 없었어요. 이렇게 다양한 물건들은 저마다 파는 상점들이 따로 있었지요. 온갖 종류의 상점들을 구경하다 보면 지루한 줄 몰라요.

장사 도구

인심 후한 우리 장터지만 계산은 깔끔해야죠?
장터에서는 정확한 거래를 위해 정해진 도구들을 사용했어요.